Brice NKAMGA

RÉFLEXION AGAPAO

Brice NKAMGA

RÉFLEXION AGAPAO

Un plongeon dans l'essentiel humain

Éditions Croix du Salut

Imprint
Any brand names and product names mentioned in this book are subject to trademark, brand or patent protection and are trademarks or registered trademarks of their respective holders. The use of brand names, product names, common names, trade names, product descriptions etc. even without a particular marking in this work is in no way to be construed to mean that such names may be regarded as unrestricted in respect of trademark and brand protection legislation and could thus be used by anyone.

Cover image: www.ingimage.com

Publisher:
Éditions Croix du Salut
is a trademark of
Dodo Books Indian Ocean Ltd. and OmniScriptum S.R.L publishing group

120 High Road, East Finchley, London, N2 9ED, United Kingdom
Str. Armeneasca 28/1, office 1, Chisinau MD-2012, Republic of Moldova, Europe
Printed at: see last page
ISBN: 978-620-6-17093-8

PREFACE :

Le plus grand commandement que nous ayons reçu du Ciel est justement de NOUS AIMER. L'amour est le fondement et le socle de notre existence ; nous existons pour aimer et notre mission sur terre perd sa saveur si l'amour y est exclu.

Le concept d'amour a toujours fait partie du quotidien des mortels. Il a traversé de nombreux siècles et a survécu face à de nombreux tourbillons et vacarmes. Dans la Grèce antique, des érudits se sont interrogés face à ce concept et établirent même que l'amour existe sous quatre formes : Eros, Storgé, Philia et Agapé (du verbe agapao). Contrairement aux autres formes, l'amour « Agapé » est le plus abstrait. Il se traduit par son caractère universel ; c'est l'amour que l'on éprouve pour une personne, un animal, une nature, une divinité (dévotion religieuse) et il est présent dans toute la société humaine.

L'amour AGAPE c'est donc l'amour du Créateur qui envahit et éclaire toute âme bien disposée. Cet amour agape est capable de souffrir, d'endurer, d'attendre, de croire et de se tenir en sécurité dans tout type d'éventualité, sans faillir à quoi que ce soit, ne pose pas de conditions, un amour prêt à surmonter l'adversité et à toujours être intact ; C'est parfait, absolu et pur, en particulier c'est l'amour de Dieu qui ne discrimine personne, à cause de leur apparence, couleur de peau, défauts particuliers, race, entre autres, ils ressentent un amour et une empathie agapes pour tous également.

I-   LA HAINE :

Parler d'amour revient aussi à parler de son opposé qui est la haine. Celui qui décide de s'engager sur le chemin de l'amour doit tourner le dos à la haine et le mal. Mais qu'est-ce que donc la haine ?

La haine est un état psychologique qui se caractérise par une aversion intense, une exécration, une violence physique ou verbale et une hostilité, envers quelqu'un ou quelque chose. À cause de sa passion, elle est souvent opposée à l'amour.

Ce sentiment très intense peut apparaître dans le prolongement d'une colère ou d'une tristesse. La haine survient le plus souvent dans les suites d'une injustice, d'une agression, ou d'une déception très forte. Il s'agit d'une émotion très intime qui peut consumer la personne pendant de nombreuses années.

Les conséquences de la haine peuvent être très importantes dans tous les domaines de la vie. C'est pourquoi, un travail personnel sur ce qui a pu mener à cet état d'esprit, permet à la fois de comprendre, mais aussi d'agir pour l'utiliser différemment.

1- Caractéristiques

La haine se caractérise par :

- un sentiment de colère intense ;
- une envie de détruire et de faire disparaître ce qui en est à l'origine ;
- l'impossibilité de s'épanouir, de prendre du plaisir et de penser à autre chose.

Dans la plupart des cas, lorsque la haine s'installe, il existe des conséquences sur l'ensemble de la vie quotidienne. Elle engendre une destruction, et consume la personne qui peut passer à l'acte de façon très violente et impulsive.

La haine est un état psychologique très violent, qui déstructure et déshumanise la personne qui la vit. Ses conséquences sur l'entourage peuvent être tout aussi dévastatrices. La haine consume la personne dans tous les domaines de sa vie. Ce besoin de violence, de destruction, et cette colère ont des conséquences importantes sur l'entourage :

- violence et agressivité ;
- irritabilité ;

- problèmes d'interprétation et de compréhension ;
- disputes, bagarres, conflits ;
- repli sur soi, isolement ;
- méfiance.

Les relations sociales avec une personne empreinte de haine ne sont jamais calmes et sereines. Bien au contraire, il est souvent difficile de dialoguer, et d'échanger.

2- Troubles associés

Certains troubles psychologiques sont particulièrement associés à la haine, surtout si elle perdure pendant plusieurs semaines, mois ou années. Il peut s'agir de :

- troubles de la personnalité comme la sociopathie par exemple ;
- antécédents de psychotraumatisme ;
- psychose, trouble délirant ;
- paranoïa, érotomanie.

Lorsqu'il existe des symptômes associés à la haine, comme un délire par exemple, il est essentiel de consulter un professionnel de santé, comme un psychiatre, pour faire le diagnostic et commencer une prise en charge.

Dans certains cas, une haine profonde qui perdure pendant plusieurs années peut avoir des conséquences psychologiques très graves :

- dépression, mélancolie, idées suicidaires ;
- isolement, repli sur soi, agoraphobie ;
- troubles du comportement, violence envers soi ou envers les autres, automutilations ;
- irritabilité, impulsivité, agressivité.

Une haine intense, non contrôlée, et particulièrement destructive, peut mener a des conséquences sociales, professionnelles ou familiales. Dans certains cas, il s'agit de séparations, de divorces, de violences, ou même d'incarcérations.

L'empire grec fut à un moment le plus influent de la planète et son influence s'étendit sur plusieurs régions du monde. Ainsi, les grecs distinguaient quatre types d'amour (Eros, Storgé, Philia et Agapé).

L'amour est un sentiment abstrait et universel que tout le monde éprouve, mais de différentes manières. L'amour peut être interprété de différentes manières selon le contexte et la relation sentimentale auxquels il se réfère.

Dans les temps anciens, les Grecs cherchaient à trouver différentes manières de comprendre et d'expliquer ce que c'était l'amour et comment les humains le vivaient.

C'est la raison pour laquelle, un grand nombre d'histoires a émergé dans les différents genres littéraires notamment la comédie, la tragédie, la poésie épique et lyriques; ayant pour thème l'amour dans ses différentes manifestations: la passion, l'attrait, l'obsession, la tendresse, la complicité, l'intérêt et la sensualité.

D'après les Grecs, l'amour est le sentiment responsable d'un grand nombre d'actions humaines, décisions et états d'esprit.

Par conséquent, ils ont proposé quatre types ou classifications d'amour pour expliquer ce sentiment très complexe que l'on éprouve lorsqu'on aime. Il s'agit de: Eros, Storgé, Philia et Ágapé.

1- Éros

Eros représente l'amour passionné et érotique. Dans la mythologie grecque, Eros est le dieu qui symbolise l'amour romantique, la passion et l'impulsivité. Cela peut être le premier pas vers un amour plus profond et plus durable, si on arrive à canaliser son intensité.

Ce type d'amour se caractérise par une attirance physique, sexuelle et instinctive. Il est lié à l'amour éphémère, qui est généré au début de la relation et idéalise le moment en mêlant désir et attirance sexuelle.

L'amour Eros pour être très impulsif et charnel peut conduire à des infidélités.

Eros est le type d'amour qui ressemble le plus à ce que les cultures occidentales considèrent aujourd'hui comme l'amour romantique. Le mot provient du mot grec erotas, qui se traduit par « amour intime ».

Certains spécialistes pensent qu'Eros représentait également la chimie et le désir sexuels, mais d'autres affirment que le mot « intime » n'avait pas la même connotation en Grèce antique qu'aujourd'hui.

Quoi qu'il en soit, Eros ne se percevait pas forcément de manière positive. En effet, de nombreux Grecs considéraient l'Eros comme dangereux en raison de la perte de contrôle qui se produit lorsqu'une personne est frappée par ce type d'amour.

Et oui, j'ai bien dit « frappé », car dans la mythologie grecque, Eros est provoqué par la flèche de Cupidon. Par exemple, Pâris tombant amoureux d'Hélène et entraînant la chute de Troie.

Platon, quant à lui, considérait l'Eros de manière plus abstraite, estimant qu'il s'agissait de notre désir naturel de rechercher la vraie beauté. Il a écrit que « celui qui aime le beau est appelé un amant parce qu'il y participe. »

L'amour Eros est étroitement lié au désir sexuel, avec l'impulsion générée par le désir charnel, il est conçu comme le désir de la personne de satisfaire son érotisme, là où elle se soucie d'elle-même, elle réalise ainsi et satisfait ses ambitions à l'unisson et de manière égoïste.

L'amour d'Eros se reflète dans toutes les infidélités, où il accomplit des actions en pensant uniquement à lui-même et non aux dommages qu'il peut causer aux autres et détruire les relations, les fréquentations, les mariages ; Il est vain, car il ne cherche que sa propre satisfaction charnelle, il n'intervient pas les sentiments d'amour pour les autres, de loyauté, d'engagement et d'honnêteté.

S'il est vrai que l'amour n'apparaît pas réellement dans les écritures saintes, malgré cela dans les livres Cantique des Cantiques et 1 Corinthiens, Il est indiqué comme cet amour érotique et charnel, de manière préventive, où l'on ne peut pas tomber dans ce type d'amour, où il y a des caractéristiques telles que l'infidélité, l'immoralité et le désir uniquement pour la peau.

Et s'il est important de limiter, c'est que dans les écritures saintes, ce qui est autorisé et reflété sont les relations sexuelles au sein du mariage, si ce type d'amour eros est ressenti et manifesté par votre épouse ou épouse, si cela est autorisé ; non, mal vu. Ces unions sont sous la bénédiction de Dieu et il n'est pas mal vu de désirer et de ressentir du désir et de la passion pour la personne que vous aimez et aimez sa compagnie.

2- Storgé

Chez les Grecs l'amour Storgé est un amour fraternel, amical et engagé. C'est un amour qui grandit avec le temps et qui est lié aux relations familiales et amicales, c'est la raison pour laquelle il se caractérise par un amour loyal et même protecteur.

L'amour Storgé a besoin du temps pour que les gens se connaissent, il a aussi besoin d'un grand engagement. L'amour Storgé s'oppose à l'amour Eros, en ce qu'il n'est ni passionné, ni impulsif et peut se produire entre des personnes ou encore entre des personnes et des animaux domestiques.

C'est un mot d'origine grecque qui souligne et accentue l'amour fraternel, l'amour que ressentent les parents pour leurs enfants, les grands-parents pour leurs petits-enfants, entre frères et sœurs et, la consanguinité est mise en évidence et, le lien du sang avant tout.

C'est totalement et absolument, simple et sincère, qui dure dans le temps, caractéristique du milieu familial. Étroitement liée à l'union affectueuse et affectueuse qui n'a pour origine que le sein familial, en tant que noyau de la vie et début de celle-ci.

L'amour Storgé est particulièrement né de manière naturelle, depuis le moment où nous sommes conçus jusqu'à la mort, et avec lui naissent les affections de sollicitude, d'amour, de loyauté, de solidarité, d'appréciation, d'affection et surtout de protection. En fait, il est décrit dans Romains 12:10 : "Aimez-vous les uns les autres d'un amour fraternel" (Romains 12:10).

3- Philia

Alors que de nombreux Grecs considéraient l'Eros comme dangereux, ils considéraient la Philia comme l'amour idéal. La Philia, en termes actuels, ressemblerait à quelque chose comme « l'amour fraternel ».
Il s'agissait de faire preuve de loyauté, de faire des sacrifices, de montrer son appréciation et d'autres formes d'amour plus « nobles » n'impliquant pas le sexe.
Selon Aristote, une personne peut ressentir la Philia envers quelqu'un pour l'une des trois raisons suivantes : son utilité, son agrément et sa bonté.

Aristote a également théorisé que l'on doit ressentir de l'amour pour soi-même avant de pouvoir ressentir de l'amour pour les autres. Ce que nous avons tous entendu de la part d'amis bien intentionnés qui nous demandaient des conseils en matière de relations.

La théorie de Platon était que le meilleur type de Philia est celui qui s'épanouit à partir de l'Eros, ce qui n'est pas si différent des nombreuses personnes qui considèrent aujourd'hui leur conjoint comme leur meilleur ami.

Il existe également un autre type d'amour qui relève en quelque sorte de la Philia, selon la façon dont on le considère, appelé Storgé. Le Storgé est l'amour qui est inhérent, par exemple l'amour entre les parents et leurs enfants.

L'amour Philia est l'amour existant entre amis, l'amour du prochain qui recherche le bien commun et s'exprime à travers le respect, la solidarité, la coopération, la camaraderie. On dit que c'est l'une des plus bels amours qui existe.

L'amour Philia est un amour qui se caractérise par l'altruisme et se base sur l'amitié qui se réjouit lorsque l'autre est heureux et bien. Cela n'implique ni amour passionné ni attirance corporelle.

Un exemple de Philia sont ces amitiés de longue date, loyales et engagées qui est souvent partagé, sans pourtant qu'il ait un autre type d'amour sinon l'amour fraternel.

Alors que de nombreux Grecs considéraient l'Eros comme dangereux, ils considéraient la Philia comme l'amour idéal. La Philia, en termes actuels, ressemblerait à quelque chose comme « l'amour fraternel ».

Il s'agissait de faire preuve de loyauté, de faire des sacrifices, de montrer son appréciation et d'autres formes d'amour plus « nobles » n'impliquant pas le sexe.

Selon Aristote, une personne peut ressentir la Philia envers quelqu'un pour l'une des trois raisons suivantes : son utilité, son agrément et sa bonté.

Aristote a également théorisé que l'on doit ressentir de l'amour pour soi-même avant de pouvoir ressentir de l'amour pour les autres. Ce que nous avons tous entendu de la part d'amis bien intentionnés qui nous demandaient des conseils en matière de relations.

La théorie de Platon était que le meilleur type de Philia est celui qui s'épanouit à partir de l'Eros, ce qui n'est pas si différent des nombreuses personnes qui considèrent aujourd'hui leur conjoint comme leur meilleur ami.

Il existe également un autre type d'amour qui relève en quelque sorte de la Philia, selon la façon dont on le considère, appelé Storge. Le Storge est l'amour qui est inhérent, par exemple l'amour entre les parents et leurs enfants.

Cela se manifeste dans les amitiés, dans la camaraderie, dénote et montre l'amour entre deux personnes très proches, c'est l'affection entre des êtres vraiment aimés, qui s'acceptent tels qu'ils sont et sans poser de questions et qui sont prêts à offrir un coup de main en cas de besoin.

La philia ou philia love est un lien affectif et amoureux entre amis qui sont restés de longues années, pour les chrétiens cela se traduit par l'amour qu'ils ont pour leur prochain et leur intérêt à les aider sans rien obtenir en retour.

Il est considéré comme l'amour le plus large et le plus grand des Saintes Écritures, car c'est le moyen de promouvoir et de diffuser le bien-être de la communauté, d'une société, avec soin, respect, coopération de tous, toujours soucieux des autres, sans devoir importer le lien familial, seulement l'affection d'affection et le but de vouloir voir avec compassion le désir que tout le monde autour de nous se porte bien.

Ce type d'amour se trouve dans Proverbes 17-17 : « Un ami aime tout le temps, c'est comme s'il était un frère dans les moments de détresse » (Proverbes 17 :17).

4- Agapé

Les Grecs appelaient Agapé (du verbe agapao) l'amour le plus pur et le plus inconditionnel qui existe. Il fait référence à un amour qui nourrit, généreux, conscient de ses devoirs; un amour spirituel et profond dont la priorité est le bien-être de l'être cher.

L'amour agapé se caractérise par le fait qu'il est universel, c'est-à-dire qu'il est l'amour que l'on a pour une personne, un animal, une nature, une divinité (dévotion religieuse) et est présent dans toute le société humaine. Il n'est pas passionné, même ceux qui aiment de cette manière sont prêts à se séparer de la relation pour le bien de l'être cher, ils abandonnent si nécessaire.

L'amour agape ne cherche pas son propre plaisir, au contraire, il trouve satisfaction à donner de l'amour. Par conséquent, il est considéré comme un amour sensible, tendre, attentionné et gentil.

Agapé est un peu plus abstrait que les deux autres types d'amour, mais restez avec moi. Dans le monde moderne, l'Agapé est l'amour universel, la charité ou même l'altruisme. Il s'agit essentiellement de l'amour qui est en nous et que nous donnons librement aux autres, quelle que soit notre relation avec eux.

L'idée même de l'amour Agapé est que nous n'avons même pas besoin d'avoir rencontré l'autre personne auparavant, mais que nous voulons quand même l'aider, coopérer avec elle ou faire de bonnes actions à son égard. Même si nous n'attendons rien en retour de nos bonnes actions désintéressées, des études montrent qu'elles peuvent en fait nous être bénéfiques – en réduisant les effets du stress et en ayant un effet positif global sur notre santé mentale.

Il n'y a pas de bonne ou de mauvaise façon d'aimer, mais il y a une beauté et une plénitude lorsque vous remplissez votre vie de plusieurs types d'amour. Il semble parfois que la raison pour laquelle nous nous sentons insatisfaits de notre vie amoureuse est que nous nous investissons tellement dans nos relations amoureuses que nous négligeons nos amitiés et parfois même les membres de notre famille.

De même, il est important de se rappeler qu'il ne faut pas s'éprendre de l'amour romantique au point de ne plus ressentir la beauté de l'amour platonique (Philia) et de l'amour des étrangers (Agapé). Il peut être assez puissant de donner de l'amour et de ne rien attendre en retour. Son origine grecque montre l'amour infini, vrai et sublime de Dieu, pour chacun de ses enfants, c'est le sentiment le plus fort, indestructible et puissant qui existe. Il est inconditionnel et pur.

Cet amour agape est capable de souffrir, d'endurer, d'attendre, de croire et de se tenir en sécurité dans tout type d'éventualité, sans faillir à quoi que ce soit, ne pose pas de conditions, un amour prêt à surmonter l'adversité et à toujours être intact ; C'est parfait, absolu et pur, en particulier c'est l'amour de Dieu qui ne discrimine personne, à cause de leur apparence, couleur de peau, défauts particuliers, race, entre autres, ils ressentent un amour et une empathie agapes pour tous également. On peut le voir dans le verset suivant des saintes écritures : « L'amour n'est pas que nous ayons aimé Dieu, mais qu'il nous a tant aimés qu'il nous a envoyé son fils en sacrifice pour tous nos péchés » (1 Jean 4:10).

III-   LES DIMENSIONS DE L'AMOUR

Se basant sur le passage biblique d'Ephésiens 3v6-19, Jean-Ruben[1] fournit un enseignement pertinent sur les 4 dimensions de l'amour de Dieu.

Lecture Ephésiens 3v6-19 : « En sorte que (…) vous puissiez comprendre (…) quelle est la largeur, la longueur, la profondeur et la hauteur, et connaître l'amour de Dieu (de Christ) ». Notre société, chacun, y compris nous peut-être, est malade de manque d'amour vrai. Ce n'est pas nouveau. Le problème de cette carence et de cette incompréhension a 2 origines profondes :
1- la dimension humaine : parce qu'on ne sait pas aimer son prochain (nous sommes tellement tournés sur nous-mêmes), parce que nous ne savons pas accepter qu'on nous aime (l'orgueil nous aide en cela) et puis peut-être n'avons-nous pas été aimés;
2- la dimension divine : nous avons du mal à percevoir que Dieu est amour, car dans ce que nous estimons relever de sa responsabilité il semble faillir. Cela nous semble incompatible de parler de l'amour de Dieu alors même que la souffrance est partout. C'est liée à notre incompréhension de son amour.
On trouve dans ce texte le plus beau verset biblique sur l'amour de Dieu ; et il affirme que cet amour est si parfait qu'il est bien difficile de le cerner. Il en parle – un peu mystérieusement – en prenant des images. Ainsi il parle des *4 dimensions de l'infini.* Comment pouvoir donner des dimensions à l'infini… ? Il y a là toute l'incompréhension entre un Dieu que l'on ne peut comprendre et un Dieu qui s'est fait connaître à nous, un Dieu qui s'est fait homme. L'infini a revêtu quelque chose de notre dimension.
Pourquoi Paul insiste-t-il sur cet amour de Dieu ? Pour que, dans sa vie, chacun découvre la plénitude de Dieu et qu'ensuite cet amour se traduise en actes et en paroles (Ephésiens 5v1-2). Et comme le problème du manque d'amour vient certainement d'une mauvaise connaissance de l'amour de Dieu, Paul en fait le centre de sa réflexion.

---

[1] Jean-ruben : https://agen.umc-europe.org/eglise/les-4-dimensions-amour-de-dieu-ephesiens

➢ **La largeur de l'amour de Dieu :**

Voyons le contexte : le passage, qui a conduit Paul à parler de l'amour de Dieu, traite de l'élargissement du salut. Jusqu'à la venue de Jésus, ceux qui étaient sauvés étaient presque uniquement des juifs, le peuple choisi. Mais en Jésus-Christ, Dieu offre à chacun cette possibilité : du nord au sud, de l'ouest à l'est, tous ceux qui se tourneront vers Dieu seront sauvés. La grâce de Dieu se manifeste en ce qu'il a envoyé son Fils pour témoigner de cette dimension de son amour : il sauve sans distinction de race, de sexe, de condition sociale. « Les païens participent à la même promesse en Jésus-Christ par l'Evangile » (Ephésiens 3v6).

Comment pouvons-nous à notre tour vivre cette dimension de l'amour selon la Bible ?

Il est normal que nous manifestions le même intérêt pour tous, pour le peuple d'Israël comme pour ceux du monde entier : par notre prière, notre intérêt, nos dons. Il est nécessaire que nous gardions vivante cette vision de Dieu pour tous ; une vision nombrilique ne reflète pas l'amour de Dieu.

Dans nos relations personnelles, l'indifférence peut nous gagner ; certaines idéologies (le rejet de certains, le racisme) peuvent être les nôtres. Dans la parabole du Bon Samaritain, Jésus dévoile l'attitude des religieux qui étaient connus comme racistes (Luc 10). Jésus savait s'intéresser à chacun, aussi bien au jeune homme riche qu'au mendiant aveugle, à une prostituée qu'à un percepteur qui trafiquait avec l'argent. L'acceptation de cette dimension de l'amour de Dieu résoudrait en grande partie le problème du racisme. L'amour du Seigneur est sans limite ; il ne dépend pas de l'apparence de celui qui s'approche de lui.

➢ **La longueur de l'amour de Dieu :**

« *Bien avant de poser les fondations du monde*, Dieu nous avait choisis pour que nous soyons saints et sans reproche devant lui » (Ephésiens 1v4) : la longueur de l'amour de Dieu se manifeste dans le temps.

Déjà Dieu avait affirmé envers Israël : « Je t'aime d'un amour éternel, c'est pourquoi je te conserve ma bonté » (Jérémie 31v3). « Avec un amour éternel, j'aurai compassion de toi, dit ton Rédempteur, l'Eternel » (Esaie 54v8). Dieu *est* amour dans la Bible.

- Il nous aime depuis toujours ; malgré la présence du péché, il a tout préparé pour nous combler de ses bienfaits. Cela est réconfortant pour un enfant de savoir que ses parents l'aimaient même avant qu'il arrive dans la famille ; il sait que cet amour n'est pas lié à son bon comportement mais qu'il est un amour inconditionnel.

- Dieu nous aime constamment : son amour ne varie pas selon ce que nous sommes. Il nous aimera toujours, demain comme aujourd'hui. Certitude ! Nous ne sommes pas à la merci de ses sentiments fluctuants. Dieu est fidèle dans son alliance. Le malheur vient de ce que nous faisons un Dieu à notre image, donc changeant. Non, Dieu ne change pas.

Qu'est-ce que cela devrait entrainer dans notre comportement ? Il nous faut parler de persévérance, de volonté, être pénétré de l'engagement que nous avons pris d'aimer, sans nous relâcher. Mais cela m'aide à le vivre quand j'ai compris comment Dieu m'a aimé et continue à m'aimer, malgré tout... Il est presque bon ton aujourd'hui de zapper, d'être girouette, d'aimer, de ne plus aimer (et donc de ne pas se marier officiellement, par exemple) ou d'oublier d'aimer en étant indifférent ; un rappel : si nous sommes chrétiens, le fait d'aimer *chacun*, déjà dans l'Eglise où nous sommes, n'est pas quelque chose de facultatif ; et ça, c'est plus difficile à admettre et... à vivre.

Les problèmes de culpabilité pour le chrétien viennent de l'oubli de la longueur de l'amour de Dieu : il m'aime d'un amour inconditionnel. Les problèmes de relations dans une Eglise viennent de cet oubli de la longueur de l'amour que nous devons manifester.

Nous sommes appelés à regarder vers Dieu et à vivre unis à Christ : comme Dieu nous a aimés et nous aimera toujours, nous pouvons aimer de la même manière, être pénétrés de *son* amour, cet amour qui ne change pas (Ephésiens 5v2).

Nous avons besoin d'accepter que Dieu nous aime de cette manière, nous avons besoin que les autres continuent à nous aimer malgré... ; eux aussi ont besoin que nous les aimions malgré leurs défauts, et cela dans la persévérance.

➢ **La hauteur de l'amour de Dieu :**

« C'est par la *grâce* (= l'amour immérité de Dieu) que vous êtes sauvés, par le moyen de la foi ; cela ne vient pas de vous de vous, c'est le don de Dieu » (Ephésiens 2v8). C'est en effet d'une façon parfaitement libre, sans être contraint par quoi que ce soit, que Dieu a fait une alliance d'amour. Il ne nous est redevable en rien. C'est un amour gratuit et qui ne dépend de rien qu'il offre. Cette dimension de son amour parle de sa souveraineté.

Quant à nous, que reflétons-nous dans notre vie de tous les jours ? Peut-être nous rendons-nous compte que notre amour est facilement conditionné par l'attitude des autres ; cet amour n'est pas si libre que ça, en fait ! Nous aimons celui qui nous aime, ou qui est aimable, au moins. En définitive, cet amour dépend de l'autre. Nous aimons dans la facilité, ou dans un esprit de justice, ou par intérêt. Comme quand une poudre de lessive ne nous donne pas satisfaction et que nous en prenons une autre.

Quoi de plus normal, selon notre réaction humaine, d'être indifférent à la sortie du culte vis-à-vis des personnes qui ne nous ont rien donné, ou rien donné d'agréable, ou qui sont indifférentes envers nous… ? Mais nous le savons, l'habitude de l'indifférence est terrible ; plus que la puissance de l'amour ? Jésus disait à ses disciples que le fait de n'aimer que ceux qui les aimaient était une attitude que même les collecteurs d'impôts (réputés pour leur malhonnêteté) avaient ; « si vous ne saluez que vos frères, que faites-vous d'extraordinaire ? Les païens n'agissent-ils pas de même ? Votre Père céleste est parfait ; soyez donc parfaits comme lui » (Matthieu 5v46-48). La hauteur de l'amour de Dieu se manifeste dans sa liberté souveraine et gratuite.

➢ **La profondeur de l'amour de Dieu :**

« Autrefois, nous vivions selon nos désirs d'hommes livrés à eux-mêmes et nous accomplissions tout ce que notre corps et notre esprit nous poussaient à faire. Aussi étions-nous, par nature, destinés à subir la colère de Dieu comme le reste des hommes. Mais… Dieu est riche en bonté ! Aussi, à cause du grand amour dont il nous a aimés, il nous a fait revivre avec le Christ » (Ephésiens 2v3-5). La profondeur de l'amour de Dieu s'appelle le pardon. Et il n'y a pas de péché, de faute qui ne soit pardonnable par Dieu pour celui qui vient à lui (parce que la liberté souveraine de Dieu n'exclut pas notre liberté et notre responsabilité).

Le pardon de notre Père céleste est plus grand que le poids de nos péchés. Dieu affirmait par Esaïe : « Si vos péchés sont rouges comme de l'écarlate, ils deviendront blancs comme la neige » (Esaie 1v18). « Que le coupable revienne à l'Eternel qui aura compassion de lui, à notre Dieu qui ne lasse pas de pardonner » (Esaie 55v7). La profondeur de l'amour de Dieu va jusqu'au plus profond de notre misère. Mais il ne peut nous forcer (sinon ce n'est pas l'amour) : on est libre de l'accepter ou de le refuser. Mais il est un amour qui transforme.

La profondeur de l'amour de Dieu se voit en Jésus-Christ, « lui dont la condition était celle de Dieu, il n'a pas estimé comme une proie à arracher d'être égal à Dieu, mais il s'est dépouillé lui-même en devenant semblable aux hommes » (Philippiens 2v6-7) ; « il s'est humilié, jusqu'à subir la mort, oui, la mort sur la croix » (v8). La profondeur de l'amour de Dieu révèle un Dieu qui s'approche, s'identifie à nous. Par amour, il a accepté de tout perdre et d'être mis au rang des malfaiteurs. C'est le dernier échelon qu'on puisse atteindre. Et là encore, mieux que n'importe où, c'est l'amour de Dieu qui se manifeste.

Si nous avons compris et accepté de quel amour Dieu nous aime, si son pardon nous a transformés, alors il est normal de le vivre autour de nous ! Comment cela se fait-il que nous n'acceptions pas de pardonner, nous dont les fautes ont conduit Jésus à la croix… ? Ou alors nous n'avons pas pénétré l'amour extraordinaire du Seigneur pour nous parce que nous n'avons pas pris conscience de notre état de pécheur.

« Pardonnez-vous réciproquement comme Dieu vous a pardonné en Christ » (Ephésiens 4v32).

En résumé – Dieu est amour dans toutes ses dimensions :
- la largeur de l'amour de Dieu = le salut pour tous ;
- sa longueur = de toute éternité et pour toujours ;
- la hauteur = il est libre et gratuit ;

- sa profondeur = jusque dans notre misère.

En fait, tout cela a été pleinement manifesté à la croix de Jésus-Christ. Que par notre vie son amour déborde. La condition ? Que nous soyons unis à lui.

IV-   HYMNE A L'AMOUR :

Dans l'Epître aux Corinthiens que saint Paul adresse à ses lecteurs, il manifeste un intérêt profond pour l'amour AGAPE. Pour plusieurs spécialistes, ce chapitre pourrait être bien intitulé « L'hymne à l'amour ». Fils d'Abraham en Jésus mon sauveur[2] fait un bon commentaire de 1 Corinthiens 13 v1-8.

 La Bible nous montre qu'il y a trois choses importantes qui demeurent actuellement : la Foi, l'Espérance et l'Amour. La plus grande de ces choses c'est l'Amour. Seul l'Amour subsistera.

 1 Corinthiens 13 : 1 à 8, que nous pouvons considérer comme l'hymne à l'Amour.

Quand je parlerai les langues des hommes et des anges, si je n'ai pas l'amour, je suis un airain qui résonne, ou une cymbale qui retentit. Et quand j'aurais le don de prophétie, la science de tous les mystères et toute la connaissance, quand j'aurais même toute la foi jusqu'à transporter des montagnes, si je n'ai pas l'amour, je ne suis rien.

Et quand je distribuerai tous mes biens pour la nourriture des pauvres, quand je livrerai même mon corps pour être brûlé, si je n'ai pas l'amour, cela ne sert à rien.

- L'amour est patient,
- L'amour est plein de bonté,
- L'amour n'est point envieux,
- L'amour ne se vante point,
- L'amour ne se gonfle point d'orgueil.
- L'amour ne fait rien de malhonnête,
- L'amour ne cherche point son intérêt,
- L'amour ne s'irrite point,
- L'amour ne soupçonne point le mal.
- L'amour ne se réjouit point de l'injustice,
- L'amour se réjouit de la vérité.
- L'amour excuse tout,
- L'amour croit tout,
- L'amour espère tout,
- L'amour supporte tout.
- L'amour ne périt jamais.

Ce passage de l'amour énumère 16 points. Cinq font références au fruit de l'Esprit : qui sont l'amour, la paix, la joie, la patience, la bonté, la bienveillance, la foi, la douceur, la maîtrise de soi.

---

[2] http://www.parolevivante.net/2019/08/seul-l-amour-subsistera-il-est-etrnel.html

Ici nous avons : la patience, la bonté, se réjouir de la vérité, excuse tout, supporte tout, tout croire, tout espérer.

Tous les autres : l'envie, la vanité, l'orgueil, le vol ou la malhonnêteté, l'égoïsme, l'irritation, les soupçons, l'injustice sont des fruits de la chair.

Ils sont tous interdépendants les uns des autres, par exemple : si je m'irrite : je perds patience, je perds la bonté, je n'excuse plus tout, je ne crois plus tout, je n'espère plus tout, je ne supporte plus tous, je ne me réjouis plus de la vérité. Par contre si je m'irrite, je deviens jaloux comme Caïn, je perds l'amour, je vais essayer de me venger, je perds la joie, la paix la douceur, la maîtrise de soi, la bienveillance.

Nous l'avons dit ci-dessus l'amour c'est la voie par excellence. La patience, la bonté, se réjouir de la vérité, tout excuser, tout croire, tout espérer, tout supporter sont en quelque sorte les éléments dont nous avons besoin pour nous maintenir dans une conduite harmonieuse sur la voie de l'amour

L'envie, vanité, l'orgueil, la malhonnêteté, l'égoïsme, l'irritation, les soupçons, se réjouir de l'injustice, ce sont des sorties, des bretelles qui nous entraînent hors de la voie de l'amour. Je ne progresse plus au contraire je m'éloigne de l'itinéraire sur lequel Dieu m'attend. Quand cela nous arrive reprenons rapidement la première entrée qui nous conduit sur la 12 : 31, en demandant pardon et en disant : Seigneur pardonne-moi d'avoir quitté aujourd'hui la 12-31 et de m'être engagé sur la voie de l'irritation, par exemple.

Maintenant nous allons développer chacun de ces 16 points

- **L'amour est patient** : celui qui aime est patient, il s'est attendre, patient signifie être persévérant d'esprit, ne pas perdre courage persévérer patiemment et bravement en endurant malheur et trouble, être patient en subissant les offenses et les injures des autres. Être patient, c'est être doux et lent à la vengeance, lent à la colère, lent à punir. La patience est une vertu que les chrétiens doivent cultiver en attendant le jour du Seigneur. Ils doivent prendre exemple de ce laboureur qui attend le fruit de la terre, plein de patience à son égard.La patience est une des facettes du fruit de l'Esprit

La patience signifie: Longanimité, persévérance, endurance, lenteur à venger les fautes, constant. C'est être capable de laisser passer les tempêtes, les difficultés. C'est la capacité de tenir dans les bons comme dans les mauvais moments. D'être tenace dans la foi même quand tout va mal. C'est la capacité de supporter ceux qui semblent moins spirituels que moi ou qui semblent avancer moins vite que moi, ou qui ne mange pas comme moi. Romains 14.Jacques 1.4. Mais il faut que la patience accomplisse parfaitement son œuvre, afin que vous soyez parfaits et accomplis sans faillir en rien.

2 Pierre 1.6. La maîtrise de soi conduit à la patience et la patience à la piété.

Jacques: 5 -7 : Soyez donc patient frère jusqu'à l'avènement du Seigneur. Voici le laboureur attend le précieux fruit de la terre, prenant patience à son égard, jusqu'à ce qu'il ait reçu les pluies de la première et de l'arrière saison. Vous aussi, soyez patient, affermissez vos cœurs, car l'avènement du Seigneur est proche.

1 Théssaloniciens 5 : 14 Nous vous en prions aussi, frères avertissez ceux qui vivent dans le désordre, consolez ceux qui sont abattus, supportez les faibles, usez de patience envers tous.

Colossiens 1 : 11 : fortifiez-vous à tous égards par sa puissance glorieuse, en sorte que vous soyez toujours et avec joie persévérant est patient.

- L'amour est plein de bonté : celui qui aime cherche à avoir le cœur largement ouvert aux autres, être serviable, plein de bonté et de bienveillance, chercher à être constructif et se plaire à faire du bien aux autres.

La bonté vient de Dieu : signifie : être fidèle, juste, affectueux, gentillesse, agréable, plaisant, joyeux, honorable, digne, admirable, qui a trait à la grâce de Dieu, être un objet de louange, bienveillance être une personne de bien, Dieu seul est bon car sa bienveillance dure à toujours, car Dieu est bon pour les justes et les injustes.

La bonté est un fruit de l'Esprit, elle exprime également la loyauté envers le prochain. La bonté n'est pas une notion abstraite et idéale, non elle agit et s'exprime par des actes. Les bontés de Dieu se renouvellent chaque jour.

C'est être compatissant les uns envers les autres, avoir de la déférence, de la galanterie, politesse. Vivre dans la bonté c'est un signe de respect et d'amour, de bienveillance. Vivre dans la bonté c'est vivre dans la droiture de cœur et de vie. Que votre bonté soit connue de tous les hommes. La bonté de Dieu rempli le cœur de l'homme car Dieu est bon.

Ephésiens 2 : 7 : afin de montrer dans les siècles à venir l'infinie richesse de sa grâce par sa bonté envers nous en Jésus-Christ.

- L'amour n'est point envieux, l'amour vrai n'est pas possessif Il ne cherche pas à accaparer, il est libre de toute envie, il ne connaît pas la jalousie. L'amour est zélé pour rendre service à son   prochain.

 L'amour n'est pas envieux : L'envie est un sentiment de tristesse, d'irritation et de haine qui nous anime contre celui qui possède un bien que nous n'avons pas, cela peut nous entraîner dans la jalousie. L'envie est un fruit de la chair.

Jacques 3-5 : De même la langue est un petit membre, et elle se vante de grandes choses. Voyez comme un petit feu peu embraser une grande forêt.

Le contraire de l'envie c'est l'amour, le désintéressement, le détachement.

 - **L'amour ne se vante point :** il ne cherche pas à se faire valoir, ils ne fanfaronnent pas, lorsque l'on aime on ne cherche pas à se faire valoir, on n'agit pas de manière présomptueuse. Celui qui s'engorge, s'étale et s'enflent d'orgueil, il n'est pas inspiré par l'amour. La vantardise peut-être une marque de férocité, d'indignation, de rivalités. L'amour ne se glorifie pas. L'amour n'affiche pas un embellissement du moi. L'amour n'affiche pas de complaisance envers soi-même ni elle s'étale avec satisfaction ou avec prétention.
La vanité est un fruit de la chair.
2- Pierre 2-- 17 et 18 : ces gens-là sont des fontaines sans eau, des nuées que chasse un tourbillon : l'obscurité des ténèbres leur est réservée. Avec des discours enflés de vanité ils amorcent par les convoitises de la chair, par les dérèglements, ceux qui viennent à peine d'échapper aux hommes qui vivent dans l'égarement. Ils leur promettent la liberté, quand ils sont eux-mêmes esclaves de la corruption, car chacun est esclave de ce qui a triomphé de lui.
Les contraires sont : modestie, simplicité.

- **L'amour ne se gonfle pas d'orgueil**, il ne s'enfle pas d'orgueil, celui qui s'étale et s'enfle d'orgueil n'est pas inspiré par l'amour. L'amour ne fait rien de malhonnête, ou ne fait rien d'inconvenant, l'orgueil fait penser aux fables de la Fontaine et notamment à la grenouille, qui par ses efforts, se croyait capable de devenir aussi grosse qu'un bœuf.

- **L'amour ne fait rien de malhonnête.** Malhonnête signifie se conduire d'une façon déshonorante, peu convenable. Malhonnête signifie également être grossier, indélicats, tricheurs, déloyal, voleurs, canaille, fripouille. Recourir à des procédés abusifs.
Le contraire de malhonnête c'est : être fidèle, être honnête.
Celui qui aime ne saurait agir par la chair ou commettre des actes inconvenants.
Celui Qui aime ne fait rien de honteux.

- **L'amour ne cherche point son intérêt** ou l'amour n'est pas égoïste. Aimer, ce n'est pas penser d'abord à soi, ce n'est pas rechercher son propre intérêt, ni insister sur ses droits.
2 Timothée 3 : 2 : car les hommes seront égoïstes, ami de l'argent, fanfarons, hautains, blasphémateurs, rebelle à leurs parents, ingrats, irréligieux, insensibles, déloyaux, calomniateurs, intempérants, cruels, ennemi des gens de bien, traîtres, emportés, enflés d'orgueil, aimant le plaisir plus que Dieu.

- **L'amour ne s'irrite pas** où il ne s'aigrit pas contre les autres, il n'est pas susceptible. Irriter signifie également mépriser, pousser à la colère, être exaspéré, brûler de colère, paroxysme, énervé, enflammé, colère, enragé.
 2 Rois 5 : 11 : Naaman fut irrité, et il s'en alla, en disant, voici je me disais : il sortira vers moi, il se présentera lui-même, il invoquera le nom de l'Eternel, somptueux, il agitera sa main sur la place de Et guérira le lépreux. Nous voyons dans cet exemple d'irritation qu'elle peut nous faire perdre le miracle de Dieu. L'irritation a conduit Caïn au meurtre de son frère.
Les contraires sont : apaiser, calmer, adoucir.

- **L'amour ne soupçonne point le mal**, il ne trame pas le mal, ne tient pas compte du mal. Quand on aime on ne médite pas le mal et on ne le soupçonne pas chez les autres. Si on subit des torts, on n'en garde pas rancune. Soupçonner signifie également suspecter, douter.
 1 Timothée 6 : 4 et 5 : il est enflé d'orgueil, il ne s'est rien, il a la maladie des questions oiseuses et des disputes de mot, d'où naissent l'envie, les querelles, les calomnies, les mauvais soupçons, les vaines discussions d'hommes corrompus d'entendement, privés de la des vérités, et croyant que la piété est une source de gain.

- **L'amour ne se réjouit point de l'injustice**, l'injustice l'attriste, l'amour ne se réjouit pas du mal. Découvrir une injustice, ou voir commettre le mal ne fait pas plaisir à celui qui aime.
L'amour se réjouit de la vérité, la vérité le réjouit. L'amour se place du côté de la vérité et se réjouit lorsqu'elle triomphe.
Job 4- 8 et 9 : pour moi, je l'ai vu, celui qui laboure l'iniquité et qui sème l'injustice en moissonne les fruits, il périsse par le souffle de Dieu, ils sont consumés par le vent de sa colère.
Jérémie 22 : 13 : malheur à celui qui battit sa maison par l'injustice, et ses chambres par l'iniquité.

- **L'amour se réjouit de la vérité :** Celui qui se réjouit de la vérité à l'amour de la vérité en lui.
2 Jean 4 : j'ai été fort réjoui de trouver chez toi quelques-uns de tes enfants qui marchent dans la vérité, selon le commandement que nous avons reçu du Père.
 Beaucoup de chrétiens ne progressent pas, parce qu'ils n'ont pas l'amour de la vérité en eux. Aimer la vérité implique de marcher dans la lumière. N'oublions pas que la vérité est une personne : Jésus

- **L'amour excuse tout**, l'amour pardonne en toute occasion. L'amour couvre tout, il souffre endure et pardonne. Il sait passer par-dessus les fautes d'autrui. Excusez signifie s'efforcer de justifier, de défendre, blanchir, disculper, absoudre, pardonner.

2 Corinthiens 7 : 11 : Cette même tristesse selon Dieu, quel empressement n'a-t-elle produit en vous. Regardez maintenant les résultats ! Mais oui, quelle rapidité pour agir, quel excuse ! Quel regret ! Quelle peur de mal faire ! Quel envie de me revoir ! Quelle ardeur ! Quelle volonté de punir le coupable !

Marc 11 : 25 et 26 : et, lorsque vous êtes debout faisant votre prière, si vous avez quelque chose contre quelqu'un, pardonnez, afin que votre Père qui est dans les cieux vous pardonne vos offenses. Mais si vous ne pardonnez pas, votre Père qui est dans les cieux ne vous pardonnera pas non plus vos offenses.

Les contraires sont : accusé, blâmé, condamné, reproché, refusé.

- **L'amour croit tout :** Marc 11 : 23 et 25 : je vous le dis en vérité, si quelqu'un dit à cette montagne : ôte-toi de la et jette toi dans la mer et s'il ne doute point en son cœur, mais crois que ce qu'il dit arrive il le verra s'accomplir. C'est pourquoi je vous dis tout ce que vous demanderez en priant, croyez que vous l'avez reçu, et vous le verrez s'accomplir.

- **L'amour espère tout :** Romains 4 : 18 et 19 espérant contre toute espérance, il crut et devint ainsi le père en grand nombre de nations, selon ce qui lui avait été dit : Quelle sera ta postérité. Et, sans faiblir dans la foi il ne considéra point son corps déjà usé, puisqu'il avait près de 100 ans, et que Sara n'était plus en état d'avoir des enfants. Il ne douta point par incrédulité, au sujet de la promesse de Dieu, mais il fut fortifié par la foi, donnant gloire à Dieu, et ayant la pleine conviction que ce qu'il promet il peut aussi l'accomplir. C'est pourquoi cela lui fut imputé à justice.

- **L'amour supporte tout :** 1 Corinthiens 9 : 11 et 12 : Si nous avons semé pour vous les biens spirituels, serait-il excessif que nous moissonnions vos biens matériels ?

Si d'autres jouissent de ce droit sur vous, ne devrions-nous pas en jouir à plus forte raison ? Pourtant nous n'avons pas laissé ce droit, au contraire, nous supportons tous, pour ne pas créer d'obstacles à la bonne nouvelle du Christ.

L'amour supporte tout : 1 Pierre 2 19 : 20 : car c'est une grâce de supporter des afflictions pour motif le de conscience envers Dieu, quand on souffre injustement. En effet, qu'elle gloire y a qu'il a supporté de mauvais traitements pour avoir commis des fautes ? Mais si vous supporter la souffrance lorsque vous faites ce qui est bien, c'est une grâce devant Dieu.

L'amour couvre tout, il souffre, il endure, il sait passer par-dessus les fautes d'autrui. Aimer c'est faire confiance à l'autre et attendre le meilleur de lui, c'est espéré sans faiblir, sans jamais abandonner. C'est savoir tout porter, tout surmonter. Elle supporte à tous égards et en toutes circonstances la foi et l'espérance et la patience.

- **L'amour ne périt jamais :** 1 Corinthiens 13 : 13 maintenant donc que ces trois choses demeurent : la foi, l'espérance, l'amour et la plus grande de ces choses c'est l'amour.

L'amour n'a pas de fin. L'amour est éternel. L'amour ne périt jamais c'est-à-dire que l'amour restera toujours le même ne deviendra pas différent. IL continuera à être présent, ne perdra pas son pouvoir par la mort. Car l'amour est plus fort que la mort. Cherchons l'amour, recherchons l'amour, poursuivons l'amour, entretenant l'amour en étant branché sur la source de l'amour le cœur de Dieu lui-même.

Vous connaîtrez cet amour qui dépasse tout ce qu'on peut connaître, et il habitera totalement en vous.

Bible parole vivante

Que, par votre foi, Christ puisse faire, dans vos cœurs, sa demeure permanente. Alors, solidement fondés sur lui, plongeant vos racines profondément dans l'amour, vous serez aussi à même, dans la communion avec les autres chrétiens, de sonder toutes les dimensions du plan de Dieu pour vous, et de réaliser combien long, large, profond, élevé est l'amour de Christ.

Que vous puissiez connaître vous-même cet amour bien qu'il surpasse tout ce qu'il est possible de connaître ici-bas, jusqu'à ce que tout votre être soit rempli de la pleine puissance de divine.

Le verset 8 l'atteste « l'amour ne faillit jamais » l'amour humain faillit. Mais il y a un amour qui est inconditionnel, qui n'abandonne jamais. Il résiste à chaque faiblesse, chaque faillite, en résumé ce genre d'amour est implacable, il ne s'arrête pas, il poursuit sans se lasser. Cela peut seulement décrire l'amour d'un Dieu tout puissant.

Ajoutons encore :

- **L'amour ne supporte pas l'hypocrisie :** Romain 12 : 9 : Bible parole de vie : l'amour ne supporte pas les masques : que le vôtre (amour) Soit donc authentique et sans affectation, aimez en toute sincérité. Haïssez le mal, ayez-le En horreur et détournez-vous-en. Laissez-vous attirer par le bien, attachez-vous y fortement.

Hypocrisie signifie : déguiser son véritable caractère en montrant des qualités qui n'existent pas, ou une attitude qui consiste à cacher ses sentiments et à montrer des qualités que l'on n'a pas.

Anciennement, hypocrite, c'est le terme par lequel on désignait un acteur qui jouait une pièce de théâtre. Hypocrisie signifie encore dissimuler. Jouer un rôle. L'hypocrite voit la paille qui est dans l'œil de son frère, mais il ne voit la poutre qui est dans le sien.

Matthieu 7-5 : Hypocrite, ôte premièrement la poutre de ton œil, et alors tu verras comment ôter la paille de l'œil de ton frère.

- **L'amour pousse à l'hospitalité :** Romains 12 : 13 : pourvoyez aux besoins des saints : exercer l'hospitalité.

Minilek Aurore Lekyai[3] se penchant sur l'hymne de l'amour évoque aussi des choses intéressantes. Qu'est que l'AMOUR ? Le verset biblique sur l'Amour est 1 Corinthiens 13v4-8. Ce long verset défini l'amour tel que Dieu l'a créé. En étudiant chaque mot, nous réalisons combien l'amour de Dieu est parfait et quel amour Il a pour nous. Même si nous prenons conscience que nous avons encore du chemin à faire, apprenons à faire de notre mieux pour nous aimer les uns les autres de la même manière que Dieu nous l'enseigne.

- L'amour est patient :
Capable de supporter la douleur, les difficultés, les provocations avec calme. Aptitude à persévérer sans se décourager. Tolérant, compréhensif, persévérant, constant.

- L'amour est plein de bonté :
Plein : Qui est rempli, qui contient toute la quantité possible Bonté : Qualité morale qui porte à faire le bien, à être bon pour les autres. Avoir ou montrer une nature généreuse, amicale, sympathique et chaleureuse.

- L'Amour n'est pas envieux :
Être envieux : Sentiment de mécontentement et de ressentiment suscité par le désir des biens ou des qualités des autres. Apprenons à se satisfaire de ce que nous avons.

- L'amour ne se vante pas : Se vanter :
parler avec fierté, parfois fierté excessive de soi ou de quelque chose en rapport avecsoi.

- L'amour ne s'enfle pas d'orgueil :

---

[3]Minilek Aurore Lekyai : https://minilek.com/l-amour-parfait-de-dieu

Être orgueilleux : sentiment exagéré qu'une personne a ou montre de sa propre valeur, estime de soi excessive, qui porte à se mettre au-dessus des autres. Arrogance, mégalomanie, suffisance, dédain. Apprenons à rester humble !

- L'Amour n'est pas impoli, ne déshonore pas les autres :
Être impoli en vue de déshonorer les autres : Avoir une attitude discourtoise, insultante, déplaisante, dure, vulgaire. Apprenons la politesse dès le plus jeune âge, soyons respectueux envers soi-même, les gens qui nous entoure et notre environnement.

- L'Amour ne cherche pas son propre intérêt :
Être égoïste : montrer une préoccupation exclusive de l'intérêt et du profit de soi-même, au mépris de ceux des autres. Apprenons à être altruiste, à prendre soin des autres.

- L'Amour est lent à la colère :
Lent à la colère : ne pas s'énerver facilement. Décider de rester calme face à certaines situations pénibles/agaçantes. Prendre sur soi.

- L'Amour ne garde pas des comptes / pardonne toujours :
Garder des comptes : Conserver par écrit ou sous une autre forme permanente quelque chose qui n'a pas été fait ou dit en accord avec la moralité, la bonté ou la vérité, quelque chose de mal, de honteux, de méchant, de répréhensible. Apprenons à pardonner !

- L'Amour ne se réjouit pas dans le mal :
Réjouir : haut degré de plaisir, de joie, de satisfaction.
Mais l'Amour trouve plaisir dans la vérité :
Vérité : Connaissance conforme au réel, aux faits ; un fait vérifié, indisputable. Honnêteté, intégrité.

L'Amour TOUJOURS ...Toujours : à chaque fois, en toute occasion, sans exception, continuellement.

- L'Amour protège toujours : Protéger : couvrir, faire bouclier contre un danger. Défendre ou garder des attaques, insultes ou ennuis.

- L'Amour croit toujours :
Croire: Avoir confiance en quelque chose/quelqu'un.

Être persuadé de l'existence et la valeur de quelque chose/quelqu'un.

- L'Amour espère toujours :
Espérer : Considérer comme capable de se réaliser. Attendre quelque chose de quelqu'un, aimer à croire, à penser quelque chose.

- L'Amour persévère toujours :
Persévérer : persister dans tout ce qui est entrepris. Maintenir un but, un objectif, une vision malgré les difficultés, les obstacles, les découragements. Continuer sans relâche, fermement, résolument.

- L'Amour ne faillit jamais :
Faillir : échouer dans l'exécution ou l'achèvement de quelque chose. Jamais : pas une seule fois, en aucun cas.

« L'Amour est patient, plein de bonté, n'est pas envieux, ne se vante pas, ne s'enfle pas d'orgueil, n'est pas impoli/ne déshonore pas les autres, ne cherche pas son propre intérêt, est lent à la colère, ne garde pas de comptes mais pardonne tout ; L'Amour ne se réjouit pas dans le mal mais trouve plaisir dans la vérité. L'Amour protège toujours, croit toujours, espère toujours, persévère toujours. L'Amour ne failli pas » – 1 Corinthiens 13v4-8

Nous savons désormais tout ce qui décrit l'amour. Dieu étant amour; je vous encourage à relire ces versets en mettant Dieu à la place du mot "l'amour" afin de réaliser son amour profond et parfait !

V-   L'AMOUR AGAPE EN PRATIQUE :

L'amour AGAPE ne saurait être un slogan creux ! Aimer se manifeste par des actes concrets. Rédaction Info Chrétienne propose justement 10 clés[4] pour aimer selon la Bible :

- **Écouter sans interrompre :**

La Bible parle souvent du silence et de l'écoute. Aimer, c'est aussi apprendre à écouter l'autre.

Celui qui répond avant d'avoir écouté fait un acte de folie et s'attire la confusion. (Proverbes 18:13)

- **Parler sans accuser :**

Parler avec amour, c'est s'efforcer de sortir de la culpabilisation de l'autre. Ne soyons pas de ceux qui accusent, mais de ceux qui élèvent.

Qui accusera les élus de Dieu ? C'est Dieu qui justifie ! (Romains 8:33)

- **Donner sans limite :**

La Bible le dit, il y a plus de bonheur à donner qu'à recevoir. Notre Dieu est plein de générosité, soyons à son image !

Les désirs du paresseux le tuent, Parce que ses mains refusent de travailler ; Tout le jour il éprouve des désirs ; Mais le juste donne sans parcimonie. (Proverbes 21:25-26)

- **Prier sans cesse :**

Parce que la prière a une grande efficacité, prier pour les gens que l'on aime est l'une des plus belles preuves d'amour que l'on puisse faire.

C'est pour cela que nous aussi, depuis le jour où nous en avons été informés, nous ne cessons de prier Dieu pour vous, et de demander que vous soyez remplis de la connaissance de sa volonté, en toute sagesse et intelligence spirituelle. (Colossiens 1:9)

- **Répondre sans se disputer :**

Les disputes laissent la place à un sentiment négatif. Parce que la colère nous pousse à dire des choses que l'on regrette toujours, maintenons une relation de paix.

---

[4] https://www.infochretienne.com/articles/10-cles-pour-aimer-selon-la-bible/

Mieux vaut un morceau de pain sec, avec la paix, Qu'une maison pleine de viandes, avec des querelles. (Proverbes 17:1)

- **Partager sans prétention :**

Aimer son prochain, c'est partager : donner à celui qui a faim, qui est malade ou qui souffre. Rappelons-nous que tout ce que nous avons vient de Dieu, alors partageons sans prétention !

Partage ton pain avec celui qui a faim, Et fais entrer dans ta maison les malheureux sans asile ; Si tu vois un homme nu, couvre-le, Et ne te détourne Pas de ton semblable. (Esaïe 58:7)

- **Profiter sans se plaindre :**

Quand vous passez de bons moments avec les gens que vous aimez, ne regardez pas à ce qui ne va pas. Se plaindre entretient la souffrance, alors profitez sans murmurer !

Faites toutes choses sans murmures ni hésitations. (Philippiens 2:14)

- **Faire confiance sans hésiter :**

La personne que vous aimez ne sera jamais parfaite. Alors n'attendez pas qu'elle le devienne pour lui accorder votre confiance !

La charité excuse tout, elle croit tout, elle espère tout, elle supporte tout. (1 Corinthiens 13:7)

- **Pardonner sans retenir :**

La personne que vous aimez va vous blesser. Et vous ferez de même ! Alors que chacun se pardonne comme Christ lui-même nous a pardonné.

Supportez-vous les uns les autres, et, si l'un a sujet de se plaindre de l'autre, pardonnez-vous réciproquement. De même que Christ vous a pardonné, pardonnez-vous aussi. (Colossiens 3:13)

- **Promettre sans oublier :**

Quand on oublie de tenir notre promesse, la personne se sent alors elle-même oubliée. Alors si nous promettons quelque chose, dépêchons nous de l'accomplir !

Un espoir différé rend le coeur malade, Mais un désir accompli est un arbre de vie. (Proverbes 13:12)

La bible nous interpelle maintes fois d'aimer son prochain comme soi-même. Le blog « Le Lifestytle de Pasukaru » évoque aussi de manière concrète dans un de ses articles[5] la pratique courante de l'amour désintéressé :

- **Définition de l'amour du prochain :**

L'amour qui ruisselle du trône de Dieu est sans fin, inconditionnel. Comme l'a dit La Croix, il ne choisit pas qui aimer. Il est entouré de bienveillance. Il ne dépend ni des circonstances, ni de celui ou celle que vous avez en face de vous. Un chrétien fidèle à Christ doit en être rempli. Cet amour n'est pas exclusif. À l'inverse, il inclut Dieu, vous et les autres. En tout premier lieu, c'est normal d'aimer Christ d'abord, car il vous a aimé le premier. Il n'a de cesse de le montrer.

Le deuxième, c'est vous, à travers les lunettes de Jésus. Sans ça, vous avez une vision biaisée de vous-même à cause du regard des autres, de la société ou de vous-même. Et ça engendre des maux comme des complexes, un cruel manque d'estime de soi-même, le narcissisme...

Et ça bloque pour l'étape suivante, à savoir l'amour désintéressé. Vous ne pourrez pas réellement aimer si vous vous détestez ou au contraire vous vous idolâtrez.

- **Comment se traduit l'amour pour les autres ?**

Il existe tant de façons concrètes de montrer son amour pour son entourage. Je ne vous parle pas spécifiquement d'une personne que vous appréciez, ce serait trop facile. Rappelez-vous, c'est un amour sans limite. À condition qu'il soit le moteur de vos actions, qu'il soit bienveillant et que vous ne vous sentez obligé.e, pressé.e de le faire. Et puis ce n'est pas aussi compliqué que vous le pensez. Vous avez même à un moment donné franchi ce cap

- **Être bienveillant.e :**

Agir avec bienveillance peu importe la personne que vous croisez montre votre obéissance à Dieu. C'est une preuve d'amour pour Lui. En même temps comment être dans la malveillance quand vous êtes croyant.e ? Après, l'erreur est humaine, il donne plusieurs chances. Il ne faut pas juste faire exprès d'en abuser.

- **Échanger un sourire :**

Certains assimilent le sourire au fait d'être niais. Vous entendez également plein de choses positives dessus. Notamment que ça rajeunit, que vous êtes heureux. Sourire, c'est donné à tout être humain. Ça ne s'apprend pas, c'est inné. Un bébé, selon les visages qu'ils voient hein, arborera automatiquement un joli sourire. Et comment ne pas craquer devant cette bouille ?

Cette action reflète une émotion ou plus profondément un état d'esprit. Une poignée d'individus ont le sourire scotché aux lèvres quasi tout le temps au visage. C'est de leur nature.

Même quand vous pensez à quelque chose d'agréable, ça peut se voir. Et tout ça grâce à un être, Dieu. Il nous a donné cette capacité. C'est assurément parce que lui-même aime sourire. Il est, d'ailleurs, à l'origine de la joie, mais pas de celle qui est momentanée. Maintenant, ce n'est pas signe que tout va toujours bien.

Toutefois, ça peut faire du bien. Tout le monde en a besoin. C'est pourquoi s'il vous arrive de croiser un inconnu dans la rue ou vos voisins, un sourire n'est pas de trop. Vous n'êtes pas obligé.e de le faire tout le temps. C'est vous qui voyez. Moi, ça m'est déjà arrivé de croiser des gens qui me sourient et je leur souris en retour, sans parler. Et vous, cela vous arrive-t-il ?

- **Écrire un court message :**

Parfois, c'est dur d'exprimer ce que vous ressentez à l'instant T à quelqu'un. Certains sont très spontanés. D'autres, au contraire, comme moi, sont plus réservés. Dans ce cas, ce n'est pas faute d'essayer de coucher les mots qui ne sortent pas sur papier. Je ne dis pas que c'est un exercice facile à faire, car c'est bizarre d'écrire ce qui vous traverse l'esprit. Mais ça peut être libérateur.

Il y a quelques semaines, j'ai vu une vidéo d'un gars qui était au beau milieu d'un passage. Il interpelle des personnes pour leur donner à ce qui ressemblait à un calendrier de l'avent. Pas de mini surprises à l'intérieur, mais un beau message et un paquet de bonbons. C'est ce qu'a eu la chance de découvrir une passante qui s'est arrêtée. Cette vidéo a fait l'unanimité.

Je ne sais pas s'il est croyant, mais l'idée et top. Si vous avez envie de le faire, vous pouvez -ou non- remplacer les bonbons par des portes-clé, un bracelet en plus du Nouveau Testament ou de la bible en entier. Si vous n'êtes pas à l'aise dans la rue, vous pouvez être accompagné.e ou déposer dans les boîtes aux lettres. N'omettez pas les sans-abris qui en ont bien besoin.

C'est en fonction du budget de chacun ou voyez avec votre église locale. Vous pouvez également poster un message sur les réseaux sociaux.

- **Écouter l'autre :**

Écouter une personne, c'est savoir investir dans son temps pour autrui. Quand vous avez besoin de parler, vous souhaitez que votre interlocuteur vous tende son oreille, soit disponible pour vous écouter. Chacun a des priorités dans sa vie (couple, famille, professionnel, vie d'église, Dieu) et peut manquer de temps pour l'autre qui se retrouve en dehors de ses sphères-là.

Tout comme Dieu se rend disponible pour vous écouter parler, prier, prenez du temps pour le faire avec l'autre. C'est aussi ça, l'amour de son prochain.

- **Encourager :**

Ça peut paraître tout bête, mais encourager une personne dans la bienveillance et l'amour ça fait du bien. En plus, vos paroles vous édifient aussi.

- **Intercéder :**

L'intercession est une très belle manière de montrer que vous considérez l'autre et par la même occasion que vous l'aimer.

Il y en a parmi vous qui recevez une pensée divine d'une personne en particulier. Dieu nous incite même à prier pour ses ennemis. Des personnes qui nous indiffèrent. Légion sont les sujets de prières qui ne concernent pas notre seule personne.

Pour E. Maigneaud[6], l'amour AGAPE, doit éviter l'égocentrisme et une vision orientée uniquement vers soi. Le véritable amour doit passer du « je » au « nous ». Pour lui, si l'amour de soi pour Dieu est le fondement de la vie morale et chrétienne, ce fondement est ancré dans l'Amour de Dieu qui n'est que relation, don, par-don. Le nom de Dieu est miséricorde. Dieu n'est pas seul en lui-même. Il est pluriel dans son unicité.
L'amour ne peut se vivre que dans la relation, il est donc dépendant d'un tu qui nous envisage.
Jésus est venu nous libérer, il est venu instaurer son règne de paix et de joie en chacun de nos coeurs. Son salut n'est pas collectif, il n'est pas venu libérer les Juifs de la domination Romaine.

---

[6] https://lille.catholique.fr/app/uploads/sites/27/2020/05/Amour-du-prochain.pdf

« Le projet messianique de Jésus de Nazareth est que l'homme sache trouver sa joie et son bonheur indépendamment des circonstances et de son environnement. »

Il est venu apporter son salut à chacun, personnellement, par la foi en son Nom. Il nous a libérés de la loi pour nous introduire dans l'obéissance de la foi. Il attend de nous une réponse personnelle.

« C'est par la grâce que vous êtes sauvés, par le moyen de la foi ; vous n'y êtes pour rien, c'est le don de Dieu. Cela ne vient pas des oeuvres, afin que nul n'en tire orgueil. »[7]

Si le salut n'est pas collectif, il n'en demeure pas moins vrai que nous sommes chacun, les uns avec les autres, appelés à faire corps pour oeuvrer ensemble à l'avènement du royaume ici et maintenant. Les signes de ce royaume sont la paix et la joie d'être dans la présence d'un amour qui se reçoit et se partage.

Faire corps, c'est bien là la difficulté. Nous sommes si différents les uns des autres, nous voudrions faire corps, nous voudrions oeuvrer pour que l'amour puisse circuler entre nous. Force est de constater que depuis longtemps cette recherche est sans fin. Elle existe, elle se traduit dans des actes mais elle n'est jamais acquise.

Qu'en est-il donc de ce commandement à aimer l'autre. L'autre vraiment autre. Pas celui qui me ressemble, pas celui qui pense à peu près comme moi et dont je sais qu'il sera bienveillant à mon égard. Non l'autre vraiment autre, celui qui ne pense pas comme moi, qui ne ressent pas comme moi, qui ne parle pas comme moi, bref celui qui me dérange.

En ce sens, vivre est fatiguant et parfois angoissant car la libération de mon « Je » ne peux se vivre qu'avec d'autres ce qui me « voue à l'intranquillité permanente ». Faire communauté dans l'expérience plurielle de nos différences. Cette intranquillité est intimement liée à l'imprévisibilité.

La toute-puissance de Dieu se manifeste en Jésus par le mystère d'un Dieu qui franchit la distance qui nous sépare de sa transcendance. Par le mystère de l'incarnation et de sa mort, Dieu se révèle dans la puissance d'un amour qui nous heurte parfois dans son expression de fragilité et d'échec.

Comme Pierre, je suis prêt à suivre un Jésus fort, qui agit avec force et autorité dans sa parole et dans ses actes, mais dans l'échec de la croix : Non.

Je sais bien qu'il y a la résurrection qui vient éclairer et donner sens à cet échec, n'empêche il est quand même bien passé par là. Dieu est imprévisible hier, aujourd'hui et demain. Imprévisible mais présent.

L'autre est imprévisible. Même celui qui est mon plus proche prochain. Imprévisible par le changement de comportement avec l'âge, par la maladie, par

____

[7] Eph 2 :8

la fidélité, par le pardon… Imprévisible par la beauté ou par la laideur. L'autre m'échappe, je n'en fais jamais le tour.

« Jésus est le Sujet par excellence : le Je qui appelle dans son sillage l'émergence d'autres « je »… mais l'émergence du sujet, c'est la mise en insécurité définitive du collectif. En somme, L'Eglise n'a fait qu'appliquer les bonnes vieilles méthodes qui me désespèrent et désespèrent[8] dans leur version politique : la manipulation par la peur, l'illusion de la sécurité par l'appartenance, l'infantilisation et la prise de pouvoir qui s'ensuit… N'y aurait-il donc pas d'alternative entre le « on » réducteur et étouffant du commun, et le sujet-roi qui ne connaît pas d'autre aspiration que celle du développement personnel ? ».

Comment passer du je au nous ?

Nos sociétés ont du mal à considérer l'autre en tant que tel. La différence est souvent mal vécue et il y a une tendance à atténuer la différence ou à contrario l'accentuer. Dans les deux cas, ce qui est visé, c'est le « rêve d'une altérité sans altération ».[9]

La recherche de l'égalité, surtout dans nos démocraties, tend à vouloir gommer les différences. Hommes et femmes sont égaux mais pourtant différents, entre croyants de religions différentes, nous sommes égaux mais nous ne sommes pas pareils, y compris au sein des différentes confessions chrétiennes.

La différence est irréductible. Il ne sert à rien de vouloir la gommer.

La complémentarité est aussi une notion ambiguë : « Ce qui manque à l'un serait fort heureusement apporté par l'autre… Chacun serait porteur de sa part de vérité ! Il suffirait de les mettre ensemble !... la complémentarité fait appel à la comparaison qui nous fait entrer dans une hiérarchisation, une qualification, une disqualification. »

L'autre devient alors le miroir déformant de mes manques ou de mes excès.

De même, la tolérance ne conduit nulle part. La tolérance est l'acceptation passive, une concession faite à l'autre d'exister sur mon terrain, dans mon référentiel. Mais jusqu'où vais-je devoir le tolérer dans sa différence ?

« La tolérance est une facilité qui consiste à ne pas entrer en relation avec l'autre »[10]

L'exaltation de la différence pour elle-même mène aussi à une impasse. « La différence prend son sens sur fond d'une unité qui est plus radicale. Pas d'unité sans différence. »[11]

---

[8] Joseph Spiegel, maire de Kingersheim. Il refuse la légion d'honneur en 2014 donnant pour raison de son refus « la critique sans concession d'une démocratie en panne et d'un système à bout de souffle ».
[9] L'Arche une spiritualité singulière et plurielle, Christian Salenson, p. 28
[10] Ibid. p, 29
[11] Ibid. p.29

Ce qui prend sens au travers de la mise en perspective de ces chemins qui ne mènent nulle part, c'est l'importance de la relation. Le passage du je au nous, c'est la relation qui nous invite à une rencontre. C'est simple à dire, un peu plus compliqué à expliquer et certainement plus difficile à vivre.

La relation entre des « je » qui existent en tant que tel, la relations entre des « je » qui, à la suite de Jésus, font l'expérience de leur individuation et de leur dignité, des « je » qui sont appelés à faire l'expérience de l'autre que je « désire » aimer, le laisser libre, ne pas le dominer ni me laisser dominer, apprendre à déconstruire les murs de la peur et à construire des passerelles entre nous.

Reconnaître en l'autre un « sauvé » comme moi me donne de pouvoir m'atteler à entrer dans une relation où chacune de nos individualités, avec la grâce, pourra grandir dans le respect et la reconnaissance de l'autre dans son unicité et sa singularité.

« La joie de l'Esprit Saint, c'est de jouer avec nos différences pour rebâtir la ressemblance. »[12]

Une des passerelles possibles pour que se vive cette relation entre nous, relation qui permet le passage du « je » au « nous » est la conscience de notre indignité, comme le pense Marion Muller Colard ou de notre fragilité comme le pense Jean Vanier.

« L'expérience de la fragilité personnelle comme source de fécondité, qui est en soi une expérience individuelle, est dans l'Arche, institutionnalisée ».

C'est l'expérience de celui qui à l'espace de pouvoir être nu sans avoir honte. C'est en soi une utopie, celle du paradis perdu. Mais elle est inscrite dans notre chair, dans notre coeur. Nous ne sommes pas faits pour vivre caché, nous sommes faits pour la clarté, y compris dans l'expression de notre nudité, de notre fragilité, qui est le lieu de rencontre intime avec l'autre et avec Dieu.

Nous savons bien que c'est difficile et que ce qui nous caractérise tous, c'est notre indignité. Le meilleur des meilleurs d'entre nous ne pourra jamais dire qu'il n'a pas en lui un quelque chose qui ne lui permet pas de vivre cette relation à l'autre en toute simplicité et sans replis. « Que celui qui n'a jamais péché lui jette la première pierre ».

Nous avons tous besoin d'être sauvé dans l'ordre de la relation.

« Ce constat fait de nous « des êtres tiraillés entre ce que l'on sait être et ce qu'on aspire à être, c'est la moindre des choses... entre mes intérêts et l'intérêt général, entre ce que je ressens et ce que j'espère. Entre autres.... Le paradoxe c'est que nous sommes indignes de nos idéaux et que cette indignité n'est pas une raison suffisante pour demander à l'Eternel de reprendre nos vies. L'indignité est à partager, non pas dans la confession publique mais dans la

---

conscience profonde qu'elle fait de nous des humains et nous rend attentif à notre insuffisance. Qui est attentif à son insuffisance sera naturellement attentif, dans les rencontres, à celui qui pourra venir le compléter, l'étonner, le dérouter, l'enseigner. »[13]

La conscience de notre indignité partagée ne remet pas en cause le regard d'amour que Dieu porte sur chacun de nous. Bien au contraire, son amour est si fort qu'il n'a pas hésité à venir à notre rencontre dans la chair pour nous redire, à temps et à contre temps, sa miséricorde.

L'amour de soi pour Dieu reste premier car nous sommes créés chacun à l'image de Dieu et, c'est fort de cet amour reçu et de cette reconnaissance en nous que nous pourrons oser, avec pudeur et retenue, consentir à vivre notre « indignité » et reconnaître celle des autres dans la grâce d'un amour qui nous transforme et refaçonne en nous et entre nous la ressemblance de l'image de Dieu. Là est notre dignité.

Laissons-nous donc remplir de l'amour de Dieu, pour cet amour puisse déborder de nos êtres et rayonner autour de nous. L'amour du prochain devient alors l'expression de la surabondance d'un amour reçu et reconnu en soi de la part du Tout-Autre.

Cette conscience de l'amour de Dieu pour nous peut aussi résulter d'une rencontre avec l'autre qui nous révèle notre propre « je ».

Alors osons aller vers l'autre même si je suis conscient que mon « je » n'est pas parfaitement libéré et ajusté au désir d'amour de Dieu sur moi. L'autre peut devenir une présence d'ajustement et de révélation dans l'ordre de la grâce. C'est un double mouvement : passer du je au nous et du nous au je, sans cesse et inlassablement.

J'aime beaucoup ce que dit Marion Muller-Colar, en écho à une de ses lectures d'Emmanuel Carrère : Le Royaume : « ce qui est spirituel, c'est ce qui ne relève pas de l'évidence et ce qui ne relève pas de moi seul... C'est cela la transcendance : cette conscience d'être traversé par un autre que soi. Et la transcendance horizontale – la vraie rencontre avec les autres- découle naturellement de la transcendance verticale-la vraie rencontre avec le tout Autre. Si de Lui, je reçois le pardon, l'amour et la patience, fort est à parier que mon désir me portera à partager ces trésors ».

Je me sens indigne quand je mesure l'écart qui me sépare de mes idéaux, quand je prends conscience de ce « je » qui se dresse, se cabre, se cherche, s'affirme, réclame sa survie et éclabousse son entourage de son désir, de sa violence, des sursauts de son être. Mais cet écart, c'est le Très miséricordieux qui est venu lui même le franchir et le combler.

---

[13] Le complexe d'Elie, p. 141-142

Ce « je » qui se dresse en moi se dresse également en l'autre. La rencontre passe par l'écoute de ce « je » en l'autre, et de reconnaître que nous essayons chacun d'advenir.

Jésus, j'ai confiance en toi. Tu me demandes : « Que veux-tu que je fasse pour toi ». Je te réponds : « la grâce de me laisser aimer par toi, de laisser grandir en moi, ta paix, ta patience, ta compassion, ta joie, ta douceur, ta pauvreté, ta force et ta confiance au Père, pour que je puisse regarder l'autre comme tu le regardes et l'aimer de l'amour dont je suis aimé. »

Ian Flanders dans son intéressant ouvrage « Aimer selon la Bible »[14] aborde des domaines assez pertienents sur la manifestation quotidienne de l'amour envers nos contemporains, ceux que nous aimons ou ceux-là qui de prime abord « mériteraient » notre inimitié.

❖ L'amour envers notre prochain

« Un des spécialistes de la Loi s'approcha de Jésus. Il lui demanda: ---Quel est le commandement le plus important de tous? Jésus répondit: ---Voici le commandement le plus important: Ecoute, Israël, le Seigneur est notre Dieu, il est le seul Dieu; tu aimeras donc le Seigneur, ton Dieu, de tout ton coeur, de toute ton âme, de toute ta pensée et de toute ton énergie. Et voici celui qui vient en second rang: Tu aimeras ton prochain comme toi-même. Il n'y a pas de commandement plus important que ceux-là.» (Marc 12. 28 à 31)

Comment aimer son prochain ?

Avant de répondre à cette question, nous allons nous demander qui est notre prochain. Tout d'abord, parce qu'à l'époque de Jésus, c'était une question controversée et en deuxième lieu, parce qu'aujourd'hui encore elle peut sembler pertinente dans de nombreuses situations. Nous allons nous expliquer.

Notre prochain, selon les Pharisiens

A l'époque de Jésus, les juifs savaient très bien qu'ils devaient aimer leur prochain. Toutefois, comme ils trouvaient ce commandement bien trop pesant, ils avaient décidé que certaines catégories de personnes ne faisaient pas partie de ces prochains et qu'il n'était donc pas nécessaire de les aimer. Cette attitude était très astucieuse de leur part. Mais qui donc voulaient-ils exclure ?

Surtout les étrangers : l'occupant romain notamment, mais aussi des gens d'autres nations ou d'autres tribus. A ceux-là, ils avaient ajouté les « pécheurs notoires » ; ces juifs qui menaient une vie débridée, telle que celle vécue par les prostitués et les femmes adultères, les collecteurs d'impôts et les collaborateurs par exemple.

---

[14] La Bonne Nouvelle Correspondance Radio 9 rue des Charpentiers 68100 Mulhouse France

Et nous pouvons tous tomber dans ce piège. Nous pouvons tous nous dire à propos de certaines personnes : « Je ne veux rien avoir à faire avec elles. Je ne pourrai jamais leur exprimer de l'amour. »

Mais Jésus, s'est-il prononcé sur ce point ?

Notre prochain, selon Jésus

Un jour, un enseignant de la loi demanda à Jésus: « Qui est mon prochain ? » Et Jésus lui répondit en lui racontant une parabole. Lisons-la ensemble, elle se trouve dans l'Evangile de Luc, chapitre 10, versets 30 à 37 : « Il y avait un homme qui descendait de Jérusalem à Jéricho quand il fut attaqué par des brigands. Ils lui arrachèrent ses vêtements, le rouèrent de coups et s'en allèrent, le laissant à moitié mort. Or il se trouva qu'un prêtre descendait par le même chemin. Il vit le blessé et, s'en écartant, poursuivit sa route. De même aussi un lévite arriva au même endroit, le vit, et, s'en écartant, poursuivit sa route. Mais un Samaritain qui passait par-là arriva près de cet homme. En le voyant, il fut pris de pitié. Il s'approcha de lui, soigna ses plaies avec de l'huile et du vin, et les recouvrit de pansements.

Puis, le chargeant sur sa propre mule, il l'emmena dans une auberge où il le soigna de son mieux. Le lendemain, il sortit deux pièces d'argent, les remit à l'aubergiste et lui dit:

«Prends soin de cet homme, et tout ce que tu auras dépensé en plus, je te le rembourserai moi-même quand je repasserai.»;

Et Jésus ajouta: ---A ton avis, lequel des trois s'est montré le prochain de l'homme qui avait été victime des brigands? ---C'est celui qui a eu pitié de lui, lui répondit l'enseignant de la Loi. --

-Eh bien, va, et agis de même, lui dit Jésus. »

Cette parabole relate l'histoire d'un homme, que nous pouvons supposer être juif. Il se trouve dans une situation critique et a désespérément besoin d'être secouru. Son état nécessite de recevoir l'attention de son prochain, d'être aimé par lui. Or, ils s'avèrent que deux personnes juives appartenant à sa propre race, issues de sa propre nation, passent auprès de lui. On pourrait penser : « Voilà des gens de son peuple, ils vont agir envers lui en tant que prochain ». Et bien, non ! Ils n'en font rien. Ils ne démontrent en rien qu'ils sont de véritables « prochains ».

Et puis que se passe-t-il ensuite ?

Une autre personne passe, mais celle-ci secourt cet homme qui en a tant besoin. Or ce bienfaiteur est un Samaritain.

Rappelons-nous maintenant qui étaient les Samaritains !

Il est difficile de savoir d'où les Samaritains sont venus. Ils habitaient une région vers l'est d'Israël et suivaient la religion juive, avec cependant quelques divergences importantes. Ce qui nous intéresse ici, c'est que les juifs détestaient et méprisaient les Samaritains. Un juif n'aurait jamais considéré un samaritain comme son « prochain ».

Et pourtant cette parabole nous enseigne que ce samaritain a agi en prochain, il a aimé la personne juive gisant sur le sol comme si elle était son prochain.

Cette parabole a dû bouleverser les pensées des juifs de l'époque de Jésus. Elle montre que notre prochain, peut être tout homme, toute femme. Pour aimer une personne, nous ne devons jamais considérer sa race ou sa nationalité, pas plus que sa tribu, ou sa religion ou son origine socioculturelle. Il est évidemment plus facile d'aimer ceux qui nous ressemblent, mais cette parabole nous rappelle que nous devons être prêts à aimer ceux qui sont différents de nous, elle nous invite à témoigner de l'affection à ceux qui ont besoin de la recevoir.

Jésus déclare dans l'Evangile de Luc : « Faites pour les autres ce que vous voudriez qu'ils fassent pour vous. Si vous aimez seulement ceux qui vous aiment, pensez-vous avoir droit à une reconnaissance particulière?

Les pécheurs aiment aussi leurs amis. Et si vous faites du bien seulement à ceux qui vous en font, pourquoi vous attendriez-vous à de la reconnaissance? Les pécheurs n'agissent-ils pas de même? » (Luc 6. 31 à 33)

La pertinence de cet enseignement pour aujourd'hui

Nous vivons tous dans des sociétés où des divisions demeurent, où des préjugés séparent les hommes. Dans les grandes villes d'Europe, une forte immigration s'est mise en place et des gens de divers pays, de diverses races et religions sont appelés à vivre côte à côte. Cette situation peut créer des tensions et des conflits mais, selon Jésus, le chrétien doit être disposé à considérer tous les hommes comme ses prochains, quelle que soit leur origine et leur arrière-plan social ou culturel.

Pensons à présent au continent africain. Plusieurs pays y sont affligés par des conflits tribaux et ces conflits éclatent parfois de façon très violente. Dans ce contexte, le chrétien doit donc prendre conscience que son prochain n'est pas seulement la personne qui appartient à sa propre tribu, mais aussi celle qui est issue des autres tribus.

Enfin un troisième exemple : les gens atteints de la maladie du SIDA sont malheureusement encore victimes de nombreux préjugés et sont souvent méprisés et rejetés.

Selon l'enseignement de Jésus, il faut considérer de telles personnes comme notre prochain, digne de recevoir notre amour et notre attention.

> ➢ **La façon d'aimer son prochain**
> • **L'obéissance à la loi**

Nous pouvons aimer notre prochain tout simplement en obéissant à la loi ! Lisons à ce propos ce que l'apôtre Paul a écrit à l'Eglise de Rome : « En effet, des commandements comme: Tu ne commettras pas d'adultère, tu ne commettras pas de meurtre, tu ne voleras pas, tu ne convoiteras pas, et tous les autres, se trouvent récapitulés en cette seule parole: Aime ton prochain comme toi-même. Celui qui aime ne cause aucun mal à son prochain. Aimer son prochain, c'est donc accomplir toute la Loi. » (Romains 13. 9 à 10)

« Aimer son prochain » ; c'est refuser de lui faire du mal, c'est respecter ses biens, ses droits, ce que cette personne représente.

Dieu nous a confié la loi afin de nous montrer, entre autres, la manière dont nous devons nous comporter en société, dans le but de protéger les intérêts de tous et de chacun.

Toutefois, selon la Bible, le respect de la loi constitue le minimum requis afin de manifester de l'amour envers notre prochain. En effet, si la loi nous interdit de commettre certaines actions méchantes envers notre prochain, levéritable amour nous incite, lui, à promouvoir le bien envers lui afin de l'aider.

A ce propos, revenons à la parabole du bon samaritain sur laquelle nous nous sommes déjà attardés. (Luc 10. 30 à 35)

- **Des attitudes condamnables**

Dans cette parabole, nous découvrons deux hommes ne manifestant guère d'amour envers leur prochain, tandis qu'un troisième nous montre le bon exemple à suivre.

Mais avant de parler de ces deux hommes qui ne firent aucun cas de leur prochain, nous voudrions considérer l'attitude des brigands. Ils firent beaucoup de mal à cet homme qui cheminait tranquillement sur sa route. Ils le volèrent et l'agressèrent violemment sans même se soucier de savoir s'il était encore en vie. Ces hommes désobéirent à la loi en le volant, en le maltraitant et en mettant sa vie endanger.

Ensuite, nous est dépeinte l'attitude de ces deux hommes qui passent et qui remarquent l'homme gisant sur le bas-côté de la route, mais qui n'entreprennent rien, qui n'agissent pas pour lui porter secours. Quelle indifférence !

Alors examinons-nous nous-mêmes ! Connaissons-nous des personnes que nous pourrions aider mais pour lesquelles nous ne faisons rien à cause de notre indifférence ou de notre égoïsme ? Cette parabole donne à réfléchir.

- **Une attitude exemplaire**

Prenons maintenant l'exemple du Samaritain qui, lui, secourut l'homme blessé. De façon très efficace, il vint à son aide et répondit à ses besoins.

Il soigna ses plaies, l'accompagna vers un lieu sûr, pourvut à ses besoins financiers. Sans cette intervention, la mort aurait pu frapper cet homme. Ce Samaritain lui sauva la vie. Il accomplit tout ce qui était en son pouvoir pour venir à son secours. Il agit envers lui avec compassion et générosité.

- **Notre responsabilité**

Mais comment appliquer les leçons données à travers cette parabole, car ce n'est pas tous les jours que nous rencontrons un homme blessé sur le bord de la route ?

Nous pouvons toutefois rencontrer des personnes ayant des besoins très divers. Certains de ces besoins sont urgents, d'autres moins. Quoiqu'il en soit, cette parabole nous invite à nous poser la question que voici : que puis-je faire pour aider la personne qui en a besoin ?

Il peut cependant sembler impossible de répondre à tous les besoins tant ils peuvent être nombreux. C'est pourquoi il nous faut nous poser cette question : que puis-je faire pour la personne que je côtoie, qui a besoin de secours, d'aide ou de consolation ?

Il peut arriver, en effet, que, parfois, nous regrettions à juste titre de ne pouvoir rien faire dans tel ou tel cas, faute d'avoir les compétences ou les moyens nécessaires pour apporter l'aide souhaitée. Et il est vrai que l'Eternel ne nous demande pas de porter les fardeaux de tous sur nos épaules.

Toutefois, il peut être parfois trop facile de trouver des excuses pour ne rien faire du tout et il ne faudrait pas tomber dans ce piège. Oui, il faut être réaliste mais sans pour autant fermer son coeur aux besoins de ceux qui nous entourent. C'est pourquoi cette parabole nous incite à aimer notre prochain. Elle nous invite à cultiver de la compassion pour lui au lieu de nous apitoyer sur nous-mêmes.

Elle nous convie à pratiquer la générosité et le partage, même si nous n'avons pas grand-chose.

- ❖ **L'amour envers nos ennemis**

« Vous avez appris qu'il a été dit: «Tu aimeras ton prochain et tu haïras ton ennemi.» Eh bien, moi je vous dis: Aimez vos ennemis et priez pour ceux qui vous persécutent. Ainsi, vous vous comporterez vraiment comme des enfants de votre Père céleste, car lui, il fait luire son soleil sur les méchants aussi bien que sur les bons, et il accorde sa pluie à ceux qui sont justes comme aux injustes. Si vous aimez seulement ceux qui vous aiment, allez-vous prétendre à une récompense pour cela? Les collecteurs d'impôts eux-mêmes n'en font-ils pas autant? Si vous ne saluez que vos frères, que faites-vous d'extraordinaire? Les païens n'agissent-

ils pas de même? Votre Père céleste est parfait. Soyez donc parfaits comme lui. » (Matthieu 6. 43 à 48)

Comment aimer ses ennemis ?

Cela est bien dommage, mais tôt ou tard, il faut le reconnaître, nous aurons à faire à des personnes difficiles, certaines seront même méchantes, voire cruelles envers nous. Comment alors réagir, confrontés à ce genre de situation ? Le texte lu nous offre quelques pistes de réflexion.

Imiter Dieu

Notre point de départ va se baser sur la pensée que Jésus nous appelle à imiter notre Père céleste, l'Eternel.

Autrement dit, Jésus ne nous demande pas de faire quelque chose que Dieu lui-même n'a jamais fait.L'Eternel aime ses ennemis.

Mais qui sont les ennemis de Dieu ? Et comment Dieu leur prouve-t-il son amour?

Il serait instructif de lire quelques versets écrits par l'apôtre Paul. Ces paroles se trouvent dans son épître adressée à l'Eglise de Rome, au chapitre 5, versets 7 à 10 : « *Mais voici comment Dieu nous montre l'amour qu'il a pour nous: alors que nous étions encore des pécheurs, le Christ est mort pour nous. Donc, puisque nous sommes maintenant déclarés justes grâce à son sacrifice pour nous, nous serons, à plus forte raison encore, sauvés par lui de la colère à venir. Alors que nous étions ses ennemis,Dieu nous a réconciliés avec lui par la mort de son Fils; à plus forte raison, maintenant que nous sommes réconciliés, serons-nous sauvés par sa vie.* »

Les ennemis de Dieu

En lisant ces versets, nous pouvons affirmer que tout homme et toute femme se comportent en ennemis de Dieu dans la mesure où ils commettent des péchés et qu'ils restent indifférents ou hostiles à la parole de l'Eternel.

Mais Dieu prouve son amour envers ses ennemis en prenant lui-même l'initiative de venir vers eux et en agissant pour régler le problème du péché qui se dresse entre lui et les hommes. Ainsi Dieu a envoyé Jésus Christ pour mourir à la place du pécheur.

Dieu aime donc ses ennemis et tous ceux qui le souhaitent peuvent devenir ses amis, ils peuvent même devenir ses enfants.

Et tout comme un enfant ressemble souvent à son père, Jésus nous appelle à ressembler à notre Père céleste. Jésus nous rappelle que Dieu, sans faire de distinction entre ceux qui sont méchants et ceux qui sont bons, accorde de bonnes choses aux hommes, telles que le soleil et la pluie, leur permettant de faire fructifier leurs récoltes. De même, Dieu nous encourage à bien agir envers les autres, quel que soit leur comportement envers nous.

Nos ennemis

Nous pouvons être doux et gentils avec certaines personnes, et moins avec d'autres. Et c'est justement ce dont Jésus parle, en expliquant que même les méchants peuvent aimer leurs amis. C'est un fait qu'il est facile d'aimer ses proches et ses amis. Et pourtant Jésus nous demande d'accomplir plus. Il nous demande, à l'exemple de son Père céleste, de faire preuve de bonté et de miséricorde envers tous, même envers nos ennemis.

- **La bonté**

Prenons un exemple s'appliquant à la situation de beaucoup de nos lecteurs vivant en Afrique. Là, il est tellement facile de rendre un service à une personne venant d'une même tribu, mais il peut être difficile d'aider des personnes issues d'autres tribus, car elles sont parfois perçues comme étant des ennemis. Or, l'enseignement de Jésus nous demande de ne pas faire de telles distinctions, mais plutôt de surmonter nos préjugés.

Prenons maintenant le cas de personnes dont la conduite nous déçoit ou de ceux qui sciemment nous font du mal.

L'exhortation de Jésus dans un tel contexte s'applique-telle au point que nous devions « aimer nos ennemis ? »

Lorsque nous sommes confrontés à des personnes difficiles, nous pouvons avoir le désir de leur rendre le mal qu'elles nous ont fait en nous vengeant nous-mêmes. Ainsi un conflit peut s'installer, amenant sur son sillage le mal et le malheur, et ne bénéficiant à personne. Or, Jésus nous encourage à sortir de ces cercles infernaux et à agir, dans la mesure de notre possible, afin de résoudre ces problèmes et d'amener la paix et la réconciliation.

- **La prière**

Par la prière, nous pouvons surmonter nos émotions négatives, telles que la colère et la désillusion. Par la prière, nous pouvons aussi continuer à faire preuve de bonté et de miséricorde envers ceux qui nous offensent, comme envers ceux qui nous déçoivent.

Mais qu'en est-il lorsqu'une personne, un ennemi, porte atteinte à nos biens, à nous-mêmes ou à nos proches ? Ne devons-nous pas nous défendre, nous protéger ?

- **La justice**

Nous le maintenons : nous ne devons pas avoir recours à la vengeance. Toutefois, il est tout à fait légitime d'avoir recours à la justice représentée par les instances locales : comme la police et les tribunaux… L'Eternel n'est pas seulement un Dieu d'« amour », il est également le Dieu juste. Ainsi celui qui aime doit aussi, à l'exemple du Père céleste, aimer la justice. Certains pensent qu'il existe une contradiction entre la notion de l'amour et celle de la justice, mais peut-être comprennent-ils mal ces valeurs bibliques ? Car soumettre un ennemi à la justice, c'est faire preuve envers lui d'amour : l'un des objectifs de la justice étant de conduire le malfaiteur à réfléchir sur ses actes et à le pousser à un changement de comportement. Ainsi, celui qui est confronté à la justice, peut réaliser que ses actes coupables le conduiront à en porter les conséquences malheureuses. Il peut même être amené à réfléchir sur sa position devant l'Eternel, à se repentir et à rechercher auprès de lui le pardon.

Il est donc légitime de vouloir empêcher notre ennemi d'accomplir le mal. Cependant, la question qui se pose est : comment procéder ? La haine peut nous pousser à avoir recours à la violence et à la vengeance, ce que Jésus interdit. L'amour, toutefois, emprunte un tout autre chemin. L'amour cherche à raisonner son ennemi, avec patience, sagesse et bonté. L'amour va promouvoir la paix et la réconciliation, et en dernier recours, lors de cas extrêmes, l'amour aura recours à la justice.

❖ **L'amour entre chrétiens**

«L'amour est patient, il est plein de bonté, l'amour. Il n'est pas envieux, il ne cherche pas à se faire valoir, il ne s'enfle pas d'orgueil. Il ne fait rien d'inconvenant. Il ne cherche pas son propre intérêt, il ne s'aigrit pas contre les autres, il ne trame pas le mal. L'injustice l'attriste, la vérité le réjouit. En toute occasion, il pardonne, il fait confiance, il espère, il persévère. L'amour n'aura pas de fin.» (1 Corinthiens 13. 1 à 8)

Ces versets font partie de l'une des lectures les plus connues de la Bible. Ils décrivent ce que le véritable amour doit être, et la manière dont il doit être vécu. Ce n'est pas sans raison qu'ils sont souvent lus à l'occasion de cérémonies de mariage, même si l'apôtre Paul ne pensait pas aux futurs couples, lorsqu'il l'a rédigé.

L'amour dans l'Eglise

Ces belles paroles en effet apparaissent au coeur d'un long passage dans lequel l'apôtre Paul parle de l'Eglise.

Juste auparavant, il vient de citer l'importance des dons spirituels rappelant que ces dons sont accordés aux chrétiens afin qu'ils puissent servir l'Eglise, dans l'intérêt de tous. Toutefois, il affirme qu'il existe un élément plus important encore que tous les dons de l'Esprit : il s'agit de l'amour. Le chrétien est appelé à aimer ses frères et ses soeurs au sein de l'Eglise et, à travers ces versets lus, l'apôtre donne une belle définition de cet amour qui doit gouverner nos relations personnelles.

L'amour dont il est question dans ce texte est celui qui doit être vécu entre les chrétiens.

Cela veut-il dire que ces versets n'ont rien à voir avec le mariage ou la famille ?

Les couples mariés peuvent méditer ces versets et les mettre à profit, ils peuvent en tirer des leçons qui amélioreront leurs relations intimes. Toutefois, il ne faut jamais oublier que ces paroles sont adressées principalement à l'Eglise.

Est-il possible de confirmer que dans ce texte de Paul en 1 Corinthiens, il parle du même amour « agapé », que nous mentionnons depuis le début ?

Nous pouvons effectivement le confirmer et en fait nous y trouvons une très belle définition de ce que ce mot signifie.

Nous découvrons aussi la manière de mettre en pratique cet amour dans nos relations personnelles.

Mais pour mieux parler de cette définition de l'amour et de l'attitude qui en découle, il serait instructif d'être renseigné sur la situation de l'Eglise de Corinthe et ainsi de comprendre la pertinence de ce que l'apôtre Paul a écrit.

L'Eglise de Corinthe

Cette Eglise était confrontée à de nombreux problèmes. En lisant cette première épître écrite aux Corinthiens, nous pouvons constater à quel point cette Eglise était en mauvaise santé. Les gens ne s'y entendaient guère. Les divisions étaient évidentes. Des rivalités apparaissaient.

Différents groupes ou partis se formaient avec des idées divergentes. Ces groupes étaient en conflit les uns avec les autres.

De plus, certaines personnes avaient des besoins matériels urgents, mais elles étaient négligées par ceux qui pouvaient y répondre, car personne ne se souciait d'elles.

Cela peut étonner de trouver autant de problèmes dans une Eglise. Mais malheureusement, les hommes et les femmes n'ont guère changé, et de nos jours nous pouvons rencontrer des difficultés semblables dans nos propres églises.

Si Paul écrit à l'Eglise de Corinthe, c'est afin de lui venir en aide. Il souligne l'importance de l'amour et démontre la manière dont il doit être vécu. Prenons à présent quelques éléments de la définition de l'amour donnée par Paul, afin de comprendre plus en profondeur les leçons apportées.

Des leçons bibliques

« L'amour ne cherche pas à se faire valoir ; l'amour ne s'enfle pas d'orgueil ; l'amour ne cherche pas son propre intérêt. »

Si Paul trouve nécessaire de prononcer ces paroles, c'est, à n'en pas douter, parce que certaines personnes dans l'Eglise se mettaient en avant et qu'elles s'enorgueillissaient de leur position.

Or, le véritable amour désire avant tout servir les intérêts des autres, il cherche le bien de tous. Toute personne arrogante, qui attire l'attention sur elle et manipule les autres, se servant d'eux à des fins personnelles, n'agit pas avec amour. De même, le fait de créer et d'entretenir des rivalités et des divisions, prouve que l'amour est absent du coeur de telles personnes.

Alors, imaginons à présent que des personnes orgueilleuses cherchent à imposer leur volonté, qu'elles se font des adeptes, et que vous vous trouviez parmi ceux qui sont écartés, ou encore négligés, voire méprisés. Que ressentiriez-vous alors ? A quoi penseriez-vous ?

Vous pourriez peut-être devenir amers ou chercher un moyen de vous débarrasser de telles personnes ! Le découragement aussi pourrait être tel que vous en arriviez à quitter l'église.

De telles réactions sont compréhensibles tant il peut être difficile de supporter une telle situation. Cependant, lisons de nouveau ce que l'apôtre Paul annonce : « L'amour n'est pas envieux ; l'amour ne s'aigrit pas contre les autres ; l'amour ne trame pas le mal ; l'amour pardonne ; l'amour persévère ; l'amour est patient. »

Ces paroles de Paul s'adressaient aux Corinthiens dans leur situation. Nous pouvons avoir une approche sentimentale de ces paroles. Il est vrai qu'elles réchauffent le coeur, mais leur portée va bien au-delà.

Ces paroles exposent la nature égoïste de l'homme. Elles veulent corriger certaines attitudes et comportements qui, s'ils ne sont pas modifiés, risqueront de détruire des relations humaines entre frères et soeurs d'une même Eglise vouer cette Eglise à l'échec.

Nous ignorons à quel point l'Eglise de Corinthe a pris au sérieux ces paroles sur l'amour. Cependant, si chaque croyant a mis cette exhortation en pratique, alors sa situation n'a pu que rapidement s'améliorer.

Nous avons beaucoup parlé de l'Eglise de Corinthe, mais qu'en est-il pour nous ? Comment devons-nous réagir devant ces paroles ?

Nous nous trouvons tous confrontés à des situations différentes, impliqués dans des Eglises différentes. Mais voici les leçons principales à retenir :

D'abord, il nous faut oeuvrer pour que l'amour soit réellement vécu au sein de notre Eglise. Constamment, nous devons garder en mémoire l'enseignement de la Bible à ce sujet et en faire une priorité.

Ensuite, nous devons nous examiner chacun devant ces paroles. Chacun, à lumière des versets lus, nous devons penser à la manière de mieux aimer notre frère et notre soeur dans l'Eglise.

Toutefois, il ne faut pas simplement réfléchir à ces paroles, il faut les mettre en pratique, ce qui parfois peut être le pas le plus difficile à entreprendre. Cependant, si nous voulons vivre heureux dans notre Eglise, il nous faut mettre nous-mêmes en pratique ces paroles du Seigneur au lieu d'attendre que notre frère ou notre soeur fasse le premier pas.

L'image du vêtement

« Ainsi, puisque Dieu vous a choisis pour lui appartenir et qu'il vous aime, revêtez-vous d'ardente bonté, de bienveillance, d'humilité, de douceur, de patience --- supportez-vous les uns les autres, et si l'un de vous a quelque chose à reprocher à un autre, pardonnez-vous mutuellement; le Seigneur vous a pardonné: vous aussi, pardonnez-vous de la même manière. Et, par-dessus tout cela, revêtez-vous de l'amour qui est le lien par excellence.

Que la paix instaurée par le Christ gouverne vos décisions. Car c'est à cette paix que Dieu vous a appelés pour former un seul corps. » (Colossiens 3. 12 à 15)

Une image intéressante apparaît dans ce texte biblique.

Pour beaucoup, décider quels vêtements porter et s'habiller sont les premiers gestes accomplis en se levant le matin.

Or, c'est justement l'image choisie par l'apôtre Paul. Il nous demande d'adopter un comportement d'amour envers notre prochain tout aussi naturellement et aussi volontairement que nous décidons de nous habiller le matin. Puis, pour souligner l'importance de son exhortation, Paul la répète deux fois : « Revêtez-vous d'ardente bonté, de bienveillance, d'humilité, de douceur, de patience…… Par-dessus tout cela, revêtez-vous de l'amour qui est le lien par excellence. »

Ainsi aimer notre frère ou notre soeur dans l'Eglise est un choix à faire, une décision à prendre, ensuite une décision à mettre en application.

- **La raison de tels préparatifs**

L'amour ne vient pas facilement. Nous sommes tellement habitués à vivre pour satisfaire nos propres intérêts, pour assouvir égoïstement nos propres besoins, qu'il n'est pas dans notre nature d'aimer comme Dieu nous le demande.

Mais, nous ne devons pas désespérer, car Dieu a fait de chacun de nous qui croyons en Jésus-Christ, une nouvelle créature, une créature capable d'aimer, parce qu'habitée par son Esprit qui est amour. Cependant, cet amour, nous devons toujours le pratiquer pour faire constamment des progrès. Mais n'oublions pas ceci, le Saint Esprit est à l'oeuvre dans nos coeurs afin de nous aider à porter ce fruit : celui de l'amour.

- **Les raisons pour lesquelles nous aimons**

Dieu nous aime

Ce qui devrait motiver notre amour pour l'Eglise est le fait que Dieu nous aime, et que nous sommes appelés à suivre son exemple.

Et il est important de le souligner : nous aimons l'Eglise,non pour obtenir la faveur de Dieu mais parce que nous avons reçu sa grâce comme un cadeau merveilleux. Dieu nous a aimés le premier, et il nous a choisis. Par le sacrifice de son Fils Jésus Christ, il nous pardonne tous nos péchés et nous réconcilie avec lui.

Mais alors, comment répondre à cet amour si fort ? En aimant Dieu en retour ! En effet, lorsque nous aimons Dieu, il devient alors naturel d'aimer ceux et celles qu'il aime.

Dieu aime l'Eglise d'un amour insondable. C'est pourquoi nous devons aussi aimer l'Eglise et ceux qui la constituent.

Mais il existe d'autres raisons pour lesquelles il est important d'aimer l'Eglise.

Préserver l'unité

Dieu désire que l'Eglise forme un corps uni, un corps qui devienne un refuge offrant paix et sécurité dans un monde qui en manque.

Arrêtons-nous donc un instant sur l'image de l'Eglise comparée à un corps et sur l'exercice de l'amour en son sein pour en saisir toute l'importance.

Lorsque nous sommes en bonne santé, notre corps fonctionne normalement, tous nos membres et nos organes travaillent en harmonie, pour notre bien. Ils exécutent leur fonction à merveille. Nos bras et nos jambes obéissent à nos moindres désirs. Il en est de même pour l'Eglise, elle appartient à Christ, elle appartient à Dieu et elle doit s'y soumettre. De plus, tous les membres de l'Eglise ont leur place en son sein. Ils doivent travailler ensemble, en harmonie, pour le bien commun et pour la gloire de Dieu.

Les gestes et les attitudes d'amour vécus dans l'Eglise ne peuvent que favoriser cette harmonie, cette unité.

De plus, si ce corps, qui est l'Eglise, doit devenir un refuge, un havre de paix pour tous ceux qui s'y rassemblent, encore une fois, seul l'amour pourra générer cette paix.

Nous devons donc réfléchir à nos attitudes, à nos paroles et à tous nos gestes afin de voir s'ils sont porteurs de paix, de relations paisibles, ou s'ils sont créateurs de désordre.

Les qualités à revêtir

Nous constatons que Paul évoque plusieurs qualités qui caractérisent l'amour. Il s'agit de la bonté et de la bienveillance, de l'humilité et de la douceur, il parle aussi de la patience. Toutes ces qualités favorisent la paix et l'harmonie, elles contribuent à ce que ce corps qui est l'Eglise fonctionne correctement sous la direction de Christ.

L'apôtre Paul nous exhorte aussi à nous supporter les uns les autres et à nous pardonner mutuellement.

Paul se montre très réaliste. Certains peuvent croire que les problèmes relationnels ou les conflits au sein des Eglises n'existent pas. Malheureusement cela n'est pas le cas. Une église locale est composée de personnes d'arrière-plans très différents, de personnalités et de tempéraments opposés.

De plus, bien que l'Esprit de Dieu nous recrée à l'image de Christ, notre nature pécheresse peut prendre trop souvent le dessus. Tous ces éléments contribuent à générer des occasions de malentendus, de différents, voire de disputes et de conflits.

Etant donné que de tels problèmes peuvent surgir à tout moment, l'apôtre Paul nous enseigne la conduite à suivre pour honorer Dieu, l'attitude à adopter pour que l'amour soit réellement vécu. En l'occurrence, comme nous l'avons déjà mentionné, le Seigneur nous demande de nous supporter les uns les autres et de nous pardonner.

Et une fois de plus, Paul nous met devant l'exemple de Christ qui le premier nous a pardonné. Et il continue à le faire. Jour après jour, il nous pardonne nos fautes. Si nous réfléchissons à quel point nous décevons et offensons

Christ par nos péchés, nous pouvons alors réaliser à quel point Dieu nous aime, à quel point il nous pardonne, à quel point il fait preuve de patience envers nous. Lorsque nous pensons à toutes ces choses, cela devrait nous aider à ce que notre attitude envers notre frère ou notre soeur change, même s'ils peuvent être difficiles envers nous, et même si parfois ils peuvent être décevants et nous faire du mal.

Peut-être nous faut-il être moins exigeants envers les autres ? Peut-être nous faut-il mieux accepter notre frère, tel qu'il est ? Peut-être nous faut-il faire preuve de plus de patience, sachant que si nous sommes si lents à changer, les autres le sont aussi ! Peut-être nous faut-il entreprendre des démarches pour chercher la réconciliation auprès de celui ou de celle avec qui un conflit a éclaté ?

Il est bon de se remettre en question et de se demander ce qu'il faut faire pour améliorer nos relations avec nos frères et soeurs.

Mais revenons sur l'image des vêtements évoquée au début de ce paragraphe. Certaines personnes peuvent mettre beaucoup de temps avant de décider quels habits porter, surtout si elles se préparent pour une occasion importante, telle qu'un mariage, un entretien d'embauche… Pour conclure, nous voudrions simplement suggérer qu'avant de rencontrer des frères et soeurs dans notre Eglise, nous réfléchissions à la façon dont nous pouvons mieux nous revêtir d'amour en leur présence, mieux nous parer de toutes les bonnes qualités de l'Esprit de Dieu. C'est ainsi que nos Eglises deviendront un véritable havre de paix et d'amour.

I **want** morebooks!

Buy your books fast and straightforward online - at one of world's fastest growing online book stores! Environmentally sound due to Print-on-Demand technologies.

Buy your books online at
www.morebooks.shop

Achetez vos livres en ligne, vite et bien, sur l'une des librairies en ligne les plus performantes au monde!
En protégeant nos ressources et notre environnement grâce à l'impression à la demande.

La librairie en ligne pour acheter plus vite
www.morebooks.shop

Printed by Books on Demand GmbH, Norderstedt / Germany